共情共赢

体验内心世界的力量

EMPATHY AND
ALL-WIN
EXPERIENCE THE POWER
OF
THE HEART

付海洋——著

中华工商联合出版社

图书在版编目（CIP）数据

共情共赢：体验内心世界的力量 / 付海洋著． --北京：中华工商联合出版社，2022.5
ISBN 978-7-5158-3363-7

Ⅰ．①共… Ⅱ．①付… Ⅲ．①心理交往－通俗读物 Ⅳ．① C912.11-49

中国版本图书馆 CIP 数据核字（2022）第 044871 号

共情共赢：体验内心世界的力量
Empathy and all-win: Experience the power of the heart

作　　者：	付海洋
出 品 人：	李　梁
责任编辑：	于建廷　王　欢
插图绘制：	张　茁　张歆彧
装帧设计：	周　源
责任审读：	傅德华
责任印制：	迈致红
出版发行：	中华工商联合出版社有限责任公司
印　　刷：	北京毅峰迅捷印刷有限公司
版　　次：	2022 年 5 月第 1 版
印　　次：	2022 年 5 月第 1 次印刷
开　　本：	710mm×1000mm　1/16
字　　数：	220 千字
印　　张：	16.5
书　　号：	ISBN 978-7-5158-3363-7
定　　价：	49.90 元

服务热线：010-58301130-0（前台）
销售热线：010-58301132（发行部）
　　　　　010-58302977（网络部）
　　　　　010-58302837（馆配部）
　　　　　010-58302813（团购部）
地址邮编：北京市西城区西环广场 A 座
　　　　　19-20 层，100044
http://www.chgslcbs.cn
投稿热线：010-58302907（总编室）
投稿邮箱：1621239583@qq.com

工商联版图书
版权所有　盗版必究

凡本社图书出现印装质量问题，
请与印务部联系。

联系电话：010-58302915

▶▶▶ 推荐序 ◀◀◀

学会沟通，浇灌梦想

　　海洋是一位年轻、充满激情、懂得感恩、有实战经验的企业经营者和培训师，他告诉我做培训师是他发自内心的热爱。热爱是最好的导师，一个人如果能像热爱自己的生命一样热爱工作，那这个人一定可以成就一番事业。海洋对教育的热爱、对培训事业的热爱感染了我，也让我看到中国教育培训行业新生力量的崛起！年轻有为，才能代代相传。

　　每次和海洋聊天，我都会非常愉快开心。他气质儒雅的谈吐中，每句话都让人很舒服，交往很多年，海洋超强的办事能力有目共睹，而他被大家公认的强项就是富有情感、真诚的有效沟通。沟通能力对一个人的成长有多重要？哈佛大学做了一项实验，从一个孩子上小学开始进行跟踪观察，直到他步入社会，实验结果显示：从小就能跟校长沟通的小孩，长大后成功的概率很大，所以现在的美国小学积极鼓励小孩子跟校长沟通，解决问题，从小培养他们的沟通能力。只要我们身处社会，无论是学习、生活、工作，还是社交，甚至现在的网络直播等，都离不开与各种各样的人进行沟通。一个人是否具备优秀的沟通能力，影响着一生的发展与成就。可以说，沟通改变命运，沟通浇灌梦想。

所有的社会活动都离不开人与人的交往，能快速沟通思想并达成共识是所有人的愿望。沟通就是通过语言交流达成观念、意识、价值一致的过程，用最少的语言和最少的时间达成共识就是有效沟通，融入情感内涵的语言会走进内心，宽容的世界更精彩，通情达理、善解人意的有效沟通过程总是伴着深度共情，充满爱与感恩。有效的沟通需要带着欣赏，带着尊重，带着满满的爱，用心感受，用情沟通，让对方感受到沟通的温度、沟通的力度和沟通的尺度。沟通是艺术，是科学，也是哲学！

　　拿到海洋的《共情共赢》一书，细细品读这本解密有效沟通内涵的秘籍，看得出海洋是认真的、无私的、奉献的，他科学地、系统地整理出了十多年的全部沟通心得，在我看来这是一部教科书级的好书，马上送给了我的孩子和学生们，也推荐给广大青年读者学习借鉴和参考。肩负"教育强国"的历史使命，从2001年至今，我已在国内巡回演讲1500多场，累计行程三百多万公里，现场直接听众人数超过1000万人次、媒体及网络视频点击突破8000万人次。中华民族历来是一个好学习的民族，在日益发达的数字科技时代，我们更应该多学习，多读书，为中华民族实现伟大复兴贡献每个人的力量！

　　最后送给大家四句话，以示共勉：

　　　　爱就爱得深，干就干得好；
　　　　深度才共情，沟通铸未来！

中国红色演讲家　邹越教授

▶▶▶ 自 序 ◀◀◀

用沟通力重构个人软实力

我出生在一个农民家庭,在我 14 岁的时候,我告诉自己"我要改变命运,做自己想做的人"!我想每个人都希望改变自己的命运,比如在工作上步步高升,在事业上有所成就,在生活上幸福美满。但是,为什么有些人终其一生还是一如当初?

通过大量的研究,我发现了成功人士改变命运的核心法则:一个人要想改变命运,需要具备实力!实力可以分为硬实力和软实力,比如身高、长相、学历、家庭背景等,这些属于一个人的硬实力;理想信念、价值观、创造力、学习力、沟通力等,属于一个人的软实力。在这些软实力中,沟通力起着决定性的作用。世界人际关系大师卡耐基说:"沟通能力是一个人最重要的能力,但是很多人却没有重视它。"马云说:"一个人能不能成为高手,沟通能力是衡量的标尺。"沟通能力是所有能力中最重要的能力,在某种程度上比专业能力还重要。试想,如果你没有良好的沟通能力,即使专业能力再强,你表达不出来,或者表达不准确、不清楚,那么人们是无法了解你的真实想法的,进而无法判断合作的价值。沟通能力是现代社会中,最宝贵的一种软实力。一个人能力变强,是从学会真正有效的沟通开始。

英国前首相丘吉尔曾说："一个人可以面对多少人，就代表这个人的人生成就有多大。"无论是政界领袖还是商界名人，古今中外所有深具影响力的人士都是善于表达和沟通的大师。原先有人说"知识改变命运"，现在我们认为"沟通改变命运"，这是一个伟大的进步。表达自己，沟通别人，看似一件平常事，实则是一个人的价值观、情商、智商和能力的综合体现，我们称之为"深度共情"，深度共情是一种全新的沟通理念，全新的沟通方式。这本书将教会你如何通过深度共情式的沟通，提升自身沟通魅力，让你的沟通自带光芒成为焦点。在这个人人都是发音器的传播时代里，"沟通者成大业"，几乎没有人不相信。如果不能提升自己的沟通能力，你就永远只能当一个普通听众，找不到自信时刻的自己，交再多朋友，进再多圈子，也会被遗忘。如果你想改变命运，如果你想展示人格魅力，如果你想增添个人吸引力，那就阅读这本书，让"深度共情"迅速提升你的沟通能力，增强你的个人软实力。

祝愿本书的每位读者都成为沟通高手，拥有精彩人生！

前 言

人活在世上，就是与人打交道的，需要随时处理好与他人的关系。而一个人的成功，往往与这个人的沟通能力有很大关系。

随处可见的寒暄问好、商贸谈判，甚至是家庭生活，都需要语言交流，虽然表现形式不同，但本质都是沟通。然而不少人的沟通力却不尽人意，本想拉近彼此的距离，抛出的话题却让对方避之不及；本想逗趣互娱，讲出的笑话却让周围的空气瞬间变冷；本想化解冲突，说出的话却愈发火上浇油……

为什么有些人总是沦落为话题的"终结者"，经常让沟通进入无聊的死循环？说到原因，可能会涉及很多方面，但是归根结底"病根"只有一个，就是没有把沟通对象放在心上，没有站在对方的角度思考问题。由于理解不到位，甚至完全不理解，进而引发了不同程度的不和谐。

沟通是什么？沟通是人与人之间、人与群体之间思想与感情的传递和反馈的过程，以实现感情上的通畅，在某些方面达成一致。然而，每个人都是独立的个体，有着不同的处境、不同的经历、不同的观点，许多人习惯了只考虑自己，顺着定势思维思考问题，这是一种愚顽的"难治之症"。

好在，这一切并非不可化解，最快捷的方法就是——共情。

共情，是一种心理体验过程，它客观上要求我们将自己的内心世界，如情感体验、思维方式等与对方联系起来，站在对方的立场上感受和思考问题。沟通不是独角戏，而是彼此之间言语和心灵上的互动。

共情是实现沟通不可缺少的心理机制，也是人与人之间交往的基础。接受过心理咨询的人应该有所体会。和优秀的心理咨询师交谈，三言两语便会让你获得一种舒服愉悦之感。你会感到对方那么善解人意，那么体贴入微。这种感觉让你流连忘返，总希望能跟对方多聊一会儿。这，就是共情带来的沟通效果。

与人沟通时，一旦具备共情力，我们会突破固有的思考习惯，学会融洽地调和矛盾，解决常规性思维下难以解决的事情；我们会了解别人的心理需求，感受到他人的情绪，摆脱因缺乏洞察力而表达错误、缺乏倾听力而理解错误的尴尬；我们可以用一两句话轻松赢得他人的欢心，一两句话缓解剑拔弩张的气氛，最终以超强的说服力赢得信赖，达成目的。

正如美国"汽车大王"亨利·福特所说："如果你想拥有一个永远成功的秘诀，那么这个秘诀就是如何站在对方的立场上考虑问题。"人际关系中，80%的矛盾源自沟通不畅。语言是沟通的桥梁，而人与人之间的沟通——交互的是想法，互动的是情谊。一旦拥有共情力，我们的每一句话都将直击对方的内心深处，突破低效沟通的症结，随时让他人接受自己，与他人建立良好的人际关系，继而同更多人合作、分享、共赢。

愿我们都能借助沟通的力量，打开走向财富和成功的通道。

目 录

Part 1
自以为是的沟通，只是一个人的自嗨

谁在想当然地认为对方就应该这样？　003
"我是为你好"是世上最大的谎言　007
只爱谈自己的人，没有谁愿意回应　011
要想别人听得懂，自己先要说得清　015
懂得换位思考，就不会轻易插话抢话　019
用合适的节奏让沟通津津有味　022

Part 2
每个言行背后，都有一个积极动因

一见如故？都是谈出来的　029
多说一些悦耳的话总是没错的　033
好的关系就是"我愿意听你说"　036
越有悬念的话语，越让人好奇　040
高效率的谈话，简明扼要有时效　043
爱提问的人都很受欢迎　047

Part 3
很多事情没有对错，只是立场不同

每一件事情都是有双面性的　055
偏见，是横在沟通中的一座山　058
多为别人考虑，就是为自己考虑　062
轻易下结论，只会暴露浅薄　065
假如你是老板，会聘用现在的自己吗？　069
在感情中，争论对错最是愚蠢　073

Part 4
所谓沟通，七分情绪，三分内容

情绪失控是沟通的第一"杀手"	081
任何关系都害怕：一个不说，一个不问	085
好好说话是一种宝贵的"共情"	089
话题"热"，不如情绪"热"	094
对事不对人更有效	097
在伤口上撒盐是一种酷刑	100
越抱怨越怨，越诉苦越苦	103

Part 5
唯独有趣，能打败所有的平淡无奇

无趣的尬聊是一种折磨	109
幽默的人为什么就是"万人迷"	113
用幽默的方式表达你的看法	116
拿自己"开涮"，别样的"搞笑" 幽默	119
让尴尬在笑声中画上"休止符"	122
幽默是一剂良药，既治病又不苦口	126
行走职场，幽默是你最好的功夫	130
幽默是加蜜，不是撒盐	134

Part 6
没有人会被说服，除非他愿意

说教无用，因为没人喜欢被改变	141
"假设性原则"真的很实用	145
沟通高手骨子里都是逻辑大师	149
温柔的诱导比施压更有效	153
先找到共同点，再解决冲突点	157
只有说服自己，才能说服别人	160
有态度的沉默：此时无声胜有声	163
循序渐进方可如愿以偿	168

Part 7
情感共鸣是沟通的加速器

"我也是"——同病相怜最交心 175
动情的言语最能拨动人的心弦 179
一句"我理解",就是最好的安慰 183
赞美的话是蜜糖,最能捕获人心 187
钓鱼下对饵:你知道他要什么吗? 191
懂就好了,未必要说破 195

Part 8
我们生而不同,求同存异才舒服

沟而不通,往往是因为互不知音 201
寻求一个双方都接受的折中方案 205
谈资可以多样,但情感必须一致 209
沟通的本质就是解决问题 212
请保持一点"不知道"的余地 215

Part 9
共情是怎样培养出来的?

克服自我中心的意识 223
多点商量,少点武断 227
做一个敏锐的观察者 231
真正搞懂对方在说什么 234
多说"我们"少说"我" 238
沟通时多采用开放式问题 241
学习创建共赢思维 245

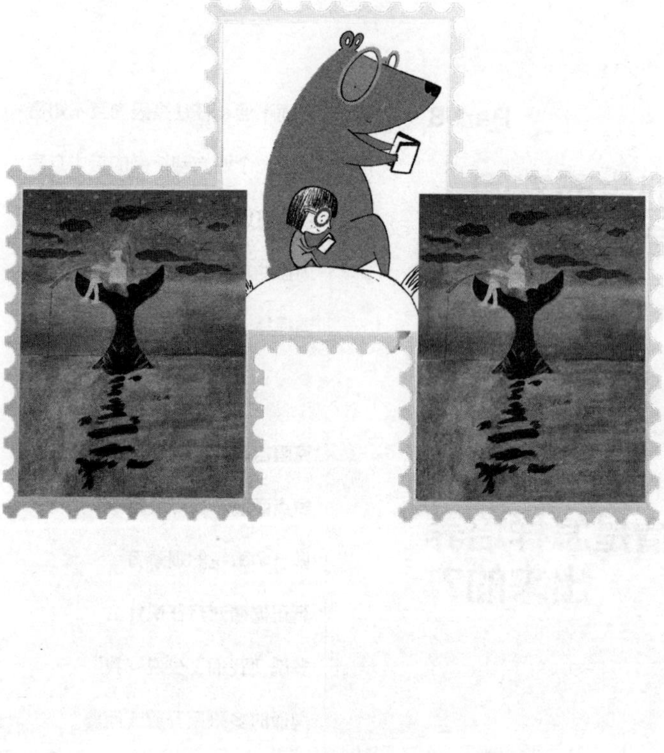

Part 1

**自以为是的沟通，
只是一个人的自嗨**

沟通不是独角戏，一个人说得再精彩，再情绪激昂，也没有任何意义，成功的沟通需要与对方产生积极互动。这需要我们通过和对方的言语交流，逐渐了解对方所思所想，然后重新梳理自己的想法，并且调动语言的魅力，用自身思维引导对方思维，逐渐打动对方。

谁在想当然地认为对方就应该这样？

当沟通中出现不畅时，我们经常听到的一种解释是："这个人太难沟通了。"当问及其中的原因，多数人则会委屈地解释，"我以为应该是……可他……"

殊不知，"我以为……"往往是沟通误区的开始。

沟通是什么？所谓沟通，是不同的行为主体之间，在特定的时间和场合，通过各种渠道实现信息的双向流动，形成行为主体的感知，以达到特定目标的行为过程。如果一个人传递的信息不能被沟通对象所理解和接受，那么这种沟通就只是自说自话罢了，不但没有通，反而还给人添堵。

由于工作能力出众，益明被提拔到经理办公室担任助理。

这天，经理和一位重要客户商谈业务，并约好一起共进午餐。经理嘱咐益明帮忙订位："就定对面那家很有名气的湘菜馆吧！"

临近中午，益明提醒经理已到用餐时间。经理看了看手表，询问了客户的意见后，一起起身准备出发。

出了公司门口，经理问："车呢？"

益明的笑容顿时僵住了，那家湘菜馆离公司只有一千多米，平时他和同事都是走着去的，他以为经理和客户也会走着去！

经理没再说话，转身跟公司保安说："你，你去安排一辆车。"

此刻，益明的心绪起伏，可想而知。

益明就是因为没有将自己内心所想与经理沟通好，没有再次确认信息，故而才出现了"我以为"的灾难情景，或许还会让职业生涯就此止步。

客观地说，人与人之间是存在一定的共性的，会拥有一些相同的思维和观念。因此，以己度人有时不会出现太大的问题。但也不要忘记，每个人同样也存在自己的特性。沟通对象的背景、性格、经历等差异，都会影响各自对事物的理解。有时候，你内心的所思所想未必和别人不谋而合，不论双方关系多好，也不能自信地认为自己传递的信息别人能够理解和认同。

萧伯纳曾说："沟通最大的问题在于，人们想当然地认为已经沟通了。"

给客户打电话的时候，你礼貌客气地说了很多话，对方却不耐烦地直接挂机；你苦口婆心地开导一位朋友，朋友却默默地对你设置了不可见权限；你认真解释工作中的注意事项，可是下属还是听不明白，还是不停地出错……

或许你会好奇，我明明是"好好地"跟对方沟通，但为什么还是没有沟通好呢？原因可能有很多，但有一点不容忽视：在沟通过程中，我们都习惯带着各自的心理认知，常常以自己最熟悉的方式回应眼前的人和事，却忘记了沟通这件事是双方的，沟通的目的是让对方接受我们传递的信息。

殷红是一家化妆品柜台的推销员，这段时间一提及自己的工作，她就唉声叹气，"现在的生意太难做了""有的顾客就是刁难人"……

"你平时都是怎样推销产品的？"朋友追问。

殷红苦闷地回答："我整理了一大堆重点推介的话术，对待每位顾客也非常热情，有时候嘴皮子都快说破了，但是许多人还是不买账。"

"假如现在我是一名顾客，你会怎么说？"接下来，殷红笑意盈盈地向朋友介绍起产品美白效果多好，还拿出产品让朋友试用。

听到这里朋友明白了，殷红尚未了解顾客的需求，就开始自顾自地推销产品。她对化妆品的需求是美白，想当然地以为顾客也是。试想，顾客想要的是祛痘产品，她却给对方推荐美白产品，如果是你，你会买吗？不根据顾客的实际情况推介，说话不懂得对症下药，这样的销售岂能成功？

所以，问题的关键不是生意难做，不是顾客太挑剔，而是殷红一直以自己的标准来衡量顾客。试想，在和顾客沟通的时候，如果殷红多些换位思考，仔细观察且认真倾听客户，然后通过交流，明确顾客的欲望和需求，接下来从关心顾客的角度，提供真正适合顾客的产品……情况又会怎样呢？

曾经有一个心理测试：如果你要远行，只能带一只动物陪伴你，你会选择哪种动物？选项分别是狮子、熊猫、大象、兔子、狗、孔雀。据说这道题测试的是一个人最在乎的东西。这些动物分别象征着权力、金钱、父母、孩子、朋友、爱人。

其实，这种测试的实际意义并不大，因为每一种选择背后的原因不尽相同。很多时候，我们以为理所当然的事情，对方未必有同样的感受。比如，你以为选择狮子的人贪慕权力，但有人也许只是认为狮子会保护自己；你以为选择大象的人孝顺父母，有人也许是出于骑着大象更省力的目的。你的原因不可能是所有人的原因。

许多沟通不畅的情况，都是源自"我以为"的念想。既然"我以为"是沟通误区的开始，那么，什么样的沟通才是有效的呢？

答案就是——你的沟通，要有"共情"。

所谓共情，即不以自己的主观思维看待事情，不能对别人全盘否定或抗拒，而是要学着理解别人的所思所想，要能接纳和包容别人。当有些事情没有按照自己的主观愿望进行时，不要抱怨和愤怒，而应该问问自己："为什么我会产生那种想法？""为什么事情不是这样的？"如此，我们将因立足于真实和客观，而变得更加理性和独立，进而避免沟通中可能出现的误会和偏差。

"我是为你好"是世上最大的谎言

"我是为你好。"无论在生活中,还是在工作中,这句话的出镜率都特别高。

无疑,这句话在某种程度上是正确的,因为没有人会向一个素不相识的人示好,也没有人会对泛泛之交用心,我们只会为身边亲近的人考虑,向他们传递自己的好意。正因为是出于善意,本着帮助对方的目的,并试图让对方理解自己的心意。所以,在沟通的过程中,我们往往会这样说——

"让你进国企工作,嫁个有房有车的人,这是为你好。"

"出门在外是要受苦的,不让你出去闯荡,这是为你好。"

"让你做那些事情,是为了锻炼你,这是为你好。"

……

说这些话的时候,那份"为你好"的心意,满得就要溢出来。然而,你有没有思考过:这些话在未说出口前,的确是你的善意,可在说出来之后,却可能成为别人的噩梦。

为什么会这样?因为你口中的"为你好",本身就是一个伪命题。你并不是别人，怎么知道什么东西对他是好的呢？有些事情你没有经历或是不在其中，怎么能确定是值得做的？不考虑别人的想法和意见，却本着为对方好的心意，强迫别人遵从自己的意志，这其实就是赤裸裸的情感"绑架"。

褚良是一名销售员，刚来到公司上班，业绩一直不突出。为了增强自己的销售业绩，他主动邀请公司业绩最好的同事立哥吃饭，希望对方能传授自己一些宝贵经验。

知道立哥喜欢喝酒，褚良提前预备了一瓶好酒。

席间碰杯时，褚良说自己喝不了白酒，对酒精有些过敏，以茶代酒。

立哥摆摆手："做销售不喝酒怎么行？学会喝酒，哥是为你好。"

一杯啤酒下肚，褚良的整张脸就红透了，坚决不再喝第二杯。

立哥立马跳脚："这可不行，没酒量就得多锻炼。"

不论褚良怎么解释，立哥就像带了耳塞一样，完全忽视他的解释，一直反复说："酒量是可以练的，多喝几次就好了。我是为你好。"

最终褚良"投降"，三五杯酒接连下肚，结果承受不住，进了医院。

有多少人像立哥一样，总在强调"我是为你好"，却从没想过所谓的"好"对他人而言，很可能是承受不了的"煎熬"。正如庄子所云："子非鱼，安知鱼之乐？"

"我是为你好，你就得听我的"，有这种想法的人不在少数。当你对别人说出这句话时，想一想，你真的是要为对方好吗？你有设身处地体会过对方的感受吗？很多时候，我们仅仅是为了证明自己是对的，潜在含义是对方必须接受自己的操控，按照自己的意愿做事，并从中获得一种成就感。

每个人都是一个独立的个体，打着"为你好"的旗号，对他人的生活指手画脚，妄图支配对方的一言一行，不但无法让对方领情，反倒会令对方感到厌烦，甚至产生"怎么只要我想做的，你就反对？我就这样了，你能怎么着"的逆反心理。你说什么，对方都会反驳，这无疑是失败的沟通。

网络有句流行语："欢迎指点我人生的智者，不欢迎对我人生指指点点的智障。"这句话说得可能有些偏激，且带着强烈的愤怒情绪，但它也提醒着我们：每个人有每个人的活法，每个人都有权决定过怎样的人生。不盲目地指点别人的人生是一种修养，更是需要遵从的社交规则。

心理咨询师丛非从说："不要为我好，只要对我好。"这句话颇有道理。

事实上，那些真正对你好的人，往往很少说"我是为你好"这句话，他们会让你知道自己是完全自由的，是值得尊重的。他们不会对你指手画脚、强加干涉，而是肯花心思站在你的角度，了解你真正需要的是什么，然后以你能够接受的方式，恰到好处地善意提醒，并始终做你坚强的后盾。

参加工作五年后，刘珩产生了辞职创业的想法，希望趁着自己年轻的时候多打拼打拼，这样不仅可以全方位地锻炼自己的能力，以后也能让父母的生活更有保障。考量了方方面面之后，刘珩觉得有个项目可以做，他就把这个决定告诉了两位关系甚好的朋友，希望他们能给些建议。

其中一个叫阿坤的朋友听了，很高兴地说："我理解你的志向，放手去做，年轻人就是要多试，多闯。"然后，他详细地和刘珩了解了一番情况，帮着分析了其中的利弊。

另一个朋友阿锋听了后，却说："创业风险很大的，与其这么折腾，不如踏踏实实干好现在的事，最起码旱涝保大丰收，我也是为你好。"

后来，刘珩还是决定创业。中间，有个环节出了点小问题，刚好阿锋可以帮上忙，刘珩便向阿锋求助。阿锋听后啰唆了一大堆，"你这样根本行不通，我早就说过，这个项目就不能做。谁知道你偏偏不听，现在遇到难处了吧，怪谁呢。我不是不愿意帮你，你可别多心，我是为了你好，不想看到你的钱打水漂。"

然而，阿坤从头至尾没说一句"为你好"，他主动想办法帮刘珩解决掉了那个麻烦。

后来，刘珩和习惯把"我是为你好"挂在嘴上的阿锋渐渐疏远，倒不是因为他不肯帮忙，而是通过这件事情，刘珩觉得跟他相处很累：一个连理解自己都做不到的人，如何谈得上是为自己好？又凭什么评判自己的选择呢？

真心为一个人好，从来不需逞口舌之快，行动比言语更有力量。真心为一个人好，会尊重对方的感受和意愿。真心为一个人好，需要多些耐心，多些理解，倾听对方的心声：他想成为一个怎样的人？让对方拥有独立思考和选择的权力，过自己真正喜欢的生活，而不是把"为你好"变成一种情感绑架。

只爱谈自己的人，没有谁愿意回应

如何判断一个人沟通能力的高低？

当这个问题抛出来时，不少人给出的答案是——"会说。"

在人际交往中，带着与对方沟通的初衷，不少人习惯滔滔不绝地表达，顺着自己的目的侃侃而谈，希望借此向别人介绍和表达自己，让别人认可和同意自己的观点。结果，往往却容易形成各说各话的尴尬情景，最终因为话不投机而终结交流，甚至会招致别人对自己的疏远、厌恶、抵触等。

寇楠在一家图书公司工作，同事们都不愿意和她说话，因为只要她一张开嘴巴就很难再闭上，大家就只有听着的份儿。

国庆假期结束，第一天上班的中午，办公室的几个同事正聚在一起分享各自的假期生活。期间，寇楠和家人去了一趟青海湖，她觉得这是一次很有价值的旅游，于是开始滔滔不绝地讲起期间发生的趣事。从火车上的趣闻，到有名的建筑，再到青海的美景、美食……寇楠一直不停地说着。

说到美食，有位同事也想分享自己的新发现。还没等对方开口说几句，寇楠又讲起自己旅行中拍摄的照片，"青海湖的风景特别好，我拍了好多照片，每一张都和壁纸一样。"

同事的脸上有一些不悦，但是寇楠毫不在意，继续滔滔不绝。

同事问另一位同事："你这件衣服是在旅行途中买的吗？很有民族特色。"

不等对方回答，寇楠就接着答道："我在青海也买了衣服，比这个颜色更鲜亮……"

最后大家都默默回到座位，只留下寇楠一个人尴尬地坐在那里。

在你认识的人中，或者你所能记得的谈话对象里，有没有像寇楠这样的人？你愿意和他说话吗？相信大多数人不愿意，因为他们扮演的是独角戏，在这出戏里你没有一点戏份。对此，哥伦比亚大学校长尼古拉斯·巴特斯博士说："只谈论自己的人，所想的也只有自己。这是不可救药的无知者，他没有受过教育，不论他曾上过多好的学校。"

为什么有些人喜欢自我表达？这源自在沟通过程中我们常常以自己为中心，这是人的一种本能，是下意识的心理活动，相比那些和自己毫无关系的信息，人们显然更容易注意那些与自己有所关联的信息。但是沟通中每个人的地位都是平等的，如果一方不考虑对方的想法和感受，更不给别人说话的机会，说明你没有给予对方最起码的尊重，你甚至会永远失去和对方沟通的机会。

萧乾是一名业务员，这段时间在跟一位重要客户商谈一个合作事项。本来一切进行得很顺利，但是某天晚上，客户忽然直接联系领导，表示暂无合作计划。

客户为什么忽然变卦？领导疑惑之下给萧乾打电话询问原因。萧乾也是一头雾水，说当天还邀请客户一起吃饭，大家聊得很投机，气氛也很融洽，没有发生什么不愉快的事情。

领导相信这件事情一定有"隐情"，于是第二天亲自上门拜访客户。经过一番恳谈，客户被领导的诚恳打动，说道："我本来是打算与你们公司签约的，但是在昨天敲定签约的饭局上，我谈起儿子最近考入重点大学的事情，并说自己感到开心和自豪，可是你的那位员工却一直在讲合作的事情，扫了我的兴致，他根本不会把我的话当回事。说实话，我觉得这可能代表你们并不重视我，所以我觉得还需要再重新考虑一下。"

领导回来转达了这些话之后，萧乾才恍然大悟，顿时后悔不已。

沟通，是两人或多人之间的一种语言交流。在这个过程中，每个人都有表现自我的欲望，甚至很多人沟通就是因为对方能够满足自身倾诉和表达自我的欲望。你是如此，别人也是如此。正是在这种双向的信息循环流动中，才能产生良好的互动效果，达到沟通的真正目的。

所以，适当控制自己的表达欲，试着多给对方一些话语权，让对方感到自己被尊重和被重视，才是有效的沟通手段。

海鹏是一个颇有名气的人，而且工作经验丰富，许多人都渴望和他多多交流，并从中获得一定的启迪。说起工作，海鹏的见解非常到位。但在分享的过程中，他从来不会只顾自己絮絮叨叨说不停，而是不时地询问别人的想法："关于这件事，你怎么看？""我想听一听你的想法。"

每次和海鹏交流之后，大部分人对海鹏的观点都很认同，且颇有好感，觉得这人非常有修养。为什么大家会这么喜欢他呢？因为他懂得给他人留有说话的机会，这不仅是对他人的尊重，还能了解对方的感受和情绪，从而进行心与心的沟通，让每个人都能聊得舒舒服服，对方自然渴望下次继续沟通。

哈佛大学心理学教授哈尼森说："和一个人谈论有关他的事情，他会静静聆听数小时，更加不可思议的是，这样的谈话会让他回味无穷。"

好的沟通，不就是给对方留下意犹未尽的回味吗？把自己放在次要的位置上，虽然表面上看是被对方压过了风头，但实际上掌控权却并没有丧失，并且能够在赢得对方认可的同时，实现自己的初衷，何乐而不为？

要想别人听得懂，自己先要说得清

"你会沟通吗？"听到这个问题，有些人会觉得可笑："沟通不就是说话吗，谁不会？"

沟通虽然是说话，但话不是随意说的。生活中有些人已经意识到了沟通的重要性，通过良好的沟通使自己获得了很好的人际关系，并能够把沟通作为解决矛盾、达成共识的有效途径。但也有不少人并不会沟通，经常会出现各种各样的问题，非但没有沟通成功，甚至还引发不少误解。

高筠毕业于一所名牌大学，平日里工作还算认真，给领导的第一印象也非常好，领导也很重视她，但实习期结束，高筠却未能签约。

"我想知道，公司为什么没有录用我？"高筠不解地问。

"你的能力倒是不错，但咱们的工作要求团队协作，我们觉得，你在这方面还有所欠缺。"领导直言，并进一步解释道，"不论是当面沟通，还是书写文件，或者是打电话，你和团队经常发生无法一次沟通到位的情况，以至于好几个同事都表示，要来回好几次才能确认你想要表达的内容，才能继续下一步的工作。"

事实的确如此。有一次，高筠向领导介绍第二天的工作安排，以下是她的表述：

"明天您需要参加一场会议，这场会议原定是明天九点开始，由于主办方发生临时改变时间，现在改为下午三点开始。明天还有一位孙先生和您约谈，他说具体时间咱们安排，会议最好在晚上六点之前结束，因为他晚上还有一个重要应酬。我已咨询过会客室的负责人，他说会客室明天上午十点之前和下午四点之后有安排，我建议把时间定在上午十点，您看合适吗？"

听到上面的表述，你是不是也感觉有点混乱？领导当时也是云里雾里，耗费了几分钟的时间，才明白了高筠所表达的意思。身为领导，每天需要处理的事务很多，高筠的表述因果关系不明，前后顺序混乱，面对这种低效的沟通方式，任何领导都会厌烦，没有被录用也就不足为奇。

为什么高筠的表述如此混乱？原因很简单，没有了解沟通的本质。

沟通是什么？是清楚表达自己的想法，以及准确接收别人想要表达的意思。与他人沟通，首要要做到清晰地表达，语言使用一定要准确。如果只顾着滔滔不绝，却不考虑表达得是否准确到位、对方是否理解、是否会产生歧义等问题，那就属于无效沟通。

对高筠来说，她需要进行深刻的反思：如何说才能使对方快速听懂？自己的表达哪里出了问题？自己说的话是否符合逻辑？如果自己是接收方，能否清楚地领悟意思？如果高筠拥有这种共情，当初三两句话就能向领导讲述明白。

"明天有两个工作安排，一场会议，一个约谈。"

"主办方将会议改到下午三点开始。"

"和孙先生的约谈，建议定在上午十点。这个提议参考了我们和孙先生的时间安排，以及会客室的使用安排。"

这样的表述有条有理，是不是清楚了很多？

每个人的时间都是宝贵的，沟通的关键是效率，要简单、明确、高效、无误地交流信息。我们不能一味地指望别人秒懂自己说的话，或是猜懂自己的含糊其词，而是要学着提高自己的表达能力，表述时努力做到清晰准确，没有偏差和歧义，让人一听就懂。

永远不要低估表达的作用，即使你要讲的只是1+1=2这样简单的事，也要竭尽全力表达清楚。比如：上级的一条命令，别以为逐级传达就可以了。要知道，即使准确无误的命令，在传达过程中也有被误解的可能。这就像我们常玩的"传话游戏"，第一个人说了一句话，中间经过很多人口口相传，传到最后一个人的耳朵里时通常已经面目全非了，甚至完全不是最初的意思。

说到底，**沟通是双向的交流，而不是说话者单向地传播信息**。话不是说出去就行了，还需要得到对方的确认，以及正确的反馈。从心理学角度来说，**沟通就是不断地翻译**。你倾听他人说的，翻译成他人所想的；他倾听你说的，翻译成你想的。如此，才算真正实现了高效的对话。

这就需要从"快人快语"变为"说话三思"，最有效的方法是让表达比大脑慢上半拍，给大脑留下缓冲的余地。先在大脑过滤一遍想要表达的内容，对内容进行提炼和说明，删除无关紧要的话，使内容成为一个简单的关键要点，形成完整的逻辑链条，待基本框架确定好再开口表达。

艾琳是一位策划经理，在制定部门发展计划并需要向所有人宣布时，她都会事先整理自己的思路，分析自己为什么要说这番话，观点和重点是什么？而后，将自己的意思浓缩成最精炼的几句话，提前列一个讲话大纲。

"销售部门今年的业绩目标是突破××万元";

"我们需要对市场进行更严格的控制和跟进，提高自身的专业能力是重中之重";

"业绩目标若能达成，所有人的年工资增幅10%"。

这种表达是不是非常清晰？无论我们面对的是什么人，进行哪方面的沟通，都可以按照这个思路去展开，使自己的表达更准确，意思更明确。

懂得换位思考，就不会轻易插话抢话

如果让你给一些不喜欢的沟通方式投票，你会选择哪些方式？

相信，插话抢话的票数肯定是排在前面的。我们通常都会认为插话是对自己的不尊重，当时可能顾及双方的面子，默不作声或隐忍不发，但心里肯定不舒服。

不妨将自己代入到以下几个情节中感受一下：

当你提及一件令你激动的事情，才开了个头，就被别人岔到别的话题上；

当你给朋友出了一个脑筋急转弯，题目还没说完，就被人插话说出了答案；

当你想出一个绝妙点子，才说了一半，便被人抢说了剩下的一半；

……

想象一下类似的处境，你立刻就能体会到那种抓狂的感觉。

很多时候，沟通失败，并不是因为你说错了什么，而是当别人谈话兴趣正浓时，你随便打断了别人的谈话，或者肆意抢过了对方的话题。习惯插话抢话的人，他们可能并不是故意为之，大多数是他们没有意识到这一点。换言之，他们缺乏换位思考的能力，说话办事只考虑自己。

季离是一名机械设备维修员，这天他来到一家中型药厂，向生产经理推销自己的技术："刘经理，经观察我发现贵厂自己维修机器花费的钱，要比雇用我们来干花的钱还多。"

刘经理很坦诚地回答："实不相瞒，我私底下也计算过，我们自己干的确不太划算，可是毕竟你们缺乏药品方面的……"

还没等刘经理说完，季离抢先说道："您必须得承认，机器运行的原理是一样的。虽然我对药品不甚了解，但我对机器了解这就够了。"

刘经理有些犹豫："虽然我们可能技术不如你们，但是……"

没等刘经理说完，季离又抢着说道："您的意思我明白，这么说吧，修理机器需要特殊的设备和材料，这些都是我们所具备的。您的下属就算是天才，在没有专用设备的情况下，也不可能干出完美的活儿来。"

刘经理回答："我听朋友提到过你们的手艺，但我们这里负责维修的伙计……"

季离又急急地插话说："您放心吧，我们绝对比他专业，而且价格公道。"

这次没等季离说完，刘经理摆摆手说："我还有事，改天再谈吧。"

季离为什么会遭到刘经理的拒绝？主要原因就在于，他太喜欢插话抢话了。刘经理阐述自己的观点时，他总是迫不及待地插上一句，打断对方的谈话或抢接对方的话头，这段谈话完全成了他自己一个人的演讲，给人一种锋芒毕露之感，更让人有一种不受尊重、不被重视的感觉。

培根曾说："打断别人、乱插话的人，甚至比发言冗长者更令人生厌。"与人沟通时，我们都希望对方能理解自己的想法，顾及自己的感受。换位思考，别人也有这样的期待。不顾当事人的感受，不分场合插话抢话，极易引起对方的反感。当对方失去说话的欲望后，就意味着沟通要终止了。

有些人之所以喜欢插话抢话，不会换位思考，主要原因是渴望被关注。他们过分关注自己内心的感受，希望得到他人和社会的认同。一旦这种需求没有得到满足，自我认同不良的心理焦虑，就会驱使他们通过不断打断别人说话的方式，来吸引他人的关注和重视，掌握话语的主动权。

每个人都有表现欲，这是很正常的。但我们需要明白，沟通应该是一件愉快的事，你一句，我一句，你说完，我再说，这才是正确的打开方式。

当别人说话的时候，认真聆听，不打断，不抢话，即使期间有什么不同意见，也要等对方把话说完，再发表自己的看法。如果对方倾诉冗长，言辞无味，或者事出紧急必须补充，这时可以适时地打断。但毕竟是一种不礼貌的行为，故而要找对时机，用礼貌的语气先示意对方："不好意思，我可不可以打断一下？""对不起，我可以插几句话吗？""抱歉，请允许我补充一下。"……

沟通建立在彼此尊重的基础上，当你用礼貌的方式告知对方实情时，对方讲话的热情不仅不会因此减少，还会觉得你很重视这次沟通，你是一个值得交往的伙伴。

当然，要想彻底改变插话抢话的习惯，我们还需要不断调整自我认同机制，比如加强自信心训练，多关注自身的优点，达到一种良性的认同。

用合适的节奏让沟通津津有味

俗话说"会说话赢天下",沟通过程中语言是重中之重。那么,这是不是意味着只要知识丰富、词汇丰富、言语流畅,就可以实现顺畅沟通?当然不是!

以上这些固然重要,但还有一个重要因素不容忽视,那就是说话的节奏。说话的节奏主要包括说话时的发音与停顿,以及说话速度的快慢。很多时候,人们都是按照自己的语言习惯来说话,很少注意过说话的节奏,结果影响了沟通的效果。

剑飞说话的语速非常快,无论表达什么都犹如"连珠炮",而且很少有停顿的时候。剑飞曾沾沾自喜这样的表达方式,认为这是自己口才好、反应快的表现。但是渐渐地,他发现,周围的人跟自己分享的欲望极低,沟通时似乎都不怎么跟自己互动,经常搪塞和敷衍,甚至排斥与自己接触。

为此,剑飞求助过一位前辈,前辈一语中的——"你的语速太快。"

"这样不好吗?"剑飞不解地追问。

"语速飞快的说话者，在言语上有进攻性，会让人感觉这个人很急躁、很强势，且沟通氛围很紧张，如此就很难达到沟通的目的。"

"那语速慢一点，就代表更好吗？"当剑飞想到这点时，自己摇了摇头。他曾经的一位直属领导就是这种类型，话少、语速慢，经常是剑飞说了好几句，他也不接话……剑飞害怕冷场，只好接着往下说，这种对话简直是一种精神折磨。

"说话速度太快，如竹筒倒豆子一般，一泻而下，会给人紧张和焦虑的感觉；说起话来慢慢吞吞、没有高低起伏，则显得低调乏味，令人昏昏欲睡。在和他人沟通时，只有说话的速度适中，并且抑扬顿挫，犹如连绵起伏的群山，时高时低，才能引人入胜……"前辈笑眯眯地解释道。

接下来，前辈让剑飞观看了一段视频：

偌大的演讲台上，一个年轻漂亮的女人正在讲话。据说她是一位女艺人，正在美国演出。此刻，她说的是波兰语，视频上没有字幕，剑飞完全听不懂。不过，剑飞觉得她说得非常流畅，听起来令人愉快，台下的观众们似乎也很享受。

女人接着往下说，语调渐渐转为热情，最后在慷慨激昂、悲怆万分之时戛然而止，台下的观众鸦雀无声，同她一样沉浸在悲伤之中，剑飞也是。

"你知道她在说什么吗？"前辈神秘地一笑，"她在用波兰语背诵九九乘法表。"

那一瞬间剑飞顿时领悟，原来说话的节奏和语调竟然有如此巨大的魅力。即使别人听不懂你在说什么，你也可以完全影响到对方。

与人沟通时一定要掌握好自己的语速，该快的时候就要加快，该慢的时候就要放慢，要做到快慢适中，急缓有致，与所说的内容、表达的感情、使用的修辞紧密联系。这恰恰是引起沟通对象注意，并促使对方及时做出积极反应的恰当的"节奏"。

问题又来了：沟通的时候，我们感觉很不错的节奏，对方肯定就喜欢听吗？不见得！这就如同我们欣赏音乐一样，不同的人会喜欢不同节奏的音乐。沟通中的节奏包括了语速快慢、语调起伏、声音强弱，是口语中带有的规律性的变化，如此才能让沟通语言更加生动，甚至成为艺术。

这听起来有些难以理解，不过不要紧，想想音乐的节奏，我们就容易明白了。说话的节奏，相当于音乐的节奏。听没有节奏感的话，就好像听没有节奏感的音乐，不仅无法引起对方的兴趣，甚至还会引起对方反感。一旦音乐演奏中有了轻重缓急、抑扬顿挫的变化，就会变得很吸引人。

那么，面对不同的沟通对象，怎样选择不同的节奏呢？最好的解决办法就是：与别人交流时多注意对方说话的节奏，从他表现出来的情绪判断他的感觉，从而慢慢调整自己的说话节奏。也就是说，现成的"范本"放在那里，我们可以根据对方说话的节奏来调整自己的节奏，与之"相配"。

另外，我们也要依据话题的不同，调整语言的节奏。

快，一般用于表达激昂、紧张、震怒、兴奋等情感。在叙说幸福、紧张或者冒险的故事时，讲到高潮之处就要加快说话速度、提高音量。

慢，一般用在表述安闲、平静、沮丧、悲哀等情感。主题严肃、感情压抑或者容易令人疑惑的部分，语速应当适当减速，留给听者一些理解、消化的时间和空间。

在社交场合中，我们应以合适的音量进行表述。声音过小，对方听起来会很费劲；声音过高，又会给人没有素质的坏印象。一般以柔和的谈吐为宜，音量让人听清即可，明朗、平和、愉快的语调最吸引人。在正式场合中，比如演讲、发言，声音可适当洪亮，展现强劲的力量。

声调的高低、语气的轻重、速度的节奏、语流顿挫的控制和变化能力，可以体现一个人的语言能力。在沟通过程中，当我们能根据谈话的对象、内容、场景等，有高低抑扬、快慢急缓、强弱轻重等多种变化，整个沟通过程就会变得具有节奏感，更易入耳入心，引人入胜，获得最佳效果。

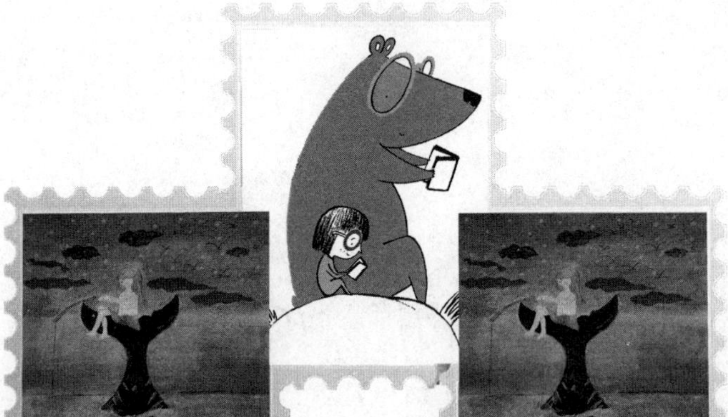

Part 2

**每个言行背后，
都有一个积极动因**

每一个言行背后，都有一个积极动因，这是一种情感上的联结。读懂沟通对象言行背后所隐藏的含义，就能读懂对方的内心世界，进而恰如其分地作出积极回应。由此，也便能在沟通过程中处于主导地位，掌控全局。

一见如故？都是谈出来的

心理学研究表示：与陌生人相处，我们的内心会产生一种不安全感，整个人会显得拘谨，言行也会变得谨慎，身体与对方保持一定的距离。实际上这就是心理防御，是每个人都存在的一种心理，故而导致跟陌生人谈话时我们常常不知从哪里开始，该聊些什么，怎么去聊，经常会出现尴尬的"冷场"。

思考一下：面对陌生人或不太熟悉的人，你是怎样进行沟通的？

如果你习惯以一段生硬而毫无特色的自我介绍开始，再客套地寒暄一番，坦白说，这样的沟通是很难成功的。因为，在拘谨的谈话氛围中，人的心理隔阂很大，顾虑太多，这就导致沟通只能流于表面。沟通得越不深刻，彼此之间的距离感就越强，心里始终对对方有一种防御和排斥感。

怎样避免这种情况发生呢？我们需要积极地采取措施，来化解对方的防御心理，从而带给对方一种安全感，让他感觉和我们的交流是安全的。只有这样，才能够快速并顺利地与之建立互信互利的关系。具体到方法，就是要努力营造一见如故的感觉。所谓一见如故，大致就是说，初次相见就情投意合，有一种"酒逢知己千杯少"的感觉。

有些人可能会问：和陌生人一见如故太难，彼此不了解，都不知道对方喜欢什么、排斥什么，很难融入彼此的环境中，怎么能一下子熟络起来呢？

既然有"一见如故"这个词，就说明现实中有一见如故这样的事，而想要做到一见如故也并非难如登天。首先，把自己放在与别人相熟的位置上，开口第一句不是陌生人之间的寒暄，而是老朋友之间的"畅谈"。这样一来，不仅能打破初次见面的疏远感，还能让沟通的气氛变得活跃起来。

实习期间，彭智曾做过一段时间的销售工作。他深知自己社会经验不足，也知道销售是个辛苦的职业，于是他白天努力工作，晚上学习总结，将那些销售话术记得滚瓜烂熟，也将产品研究得很透彻。一开始，彭智自认为自己可以做得很好，可到了实践中却发现，客户总是不买账，他的业绩也一直提不上去。

同部门的伙伴鸿铭，业绩一直遥遥领先。仔细观察，彭智还发现，鸿铭和客户第一次见面就能让对方印象深刻，客户不仅乐意从他那里购买产品，还主动帮他介绍客户。为什么自己做不到这样呢？

为了搞清楚这个问题，彭智主动向鸿铭请教："为什么客户第一次见面就能认可你，我却总是遭到拒绝，是不是我天生就不是做销售的料？"

鸿铭询问："每次见到客户，你是怎么推销的？"

"见到客户时，我会很礼貌地说：'我这里有一款好产品……您需要吗？'"

听了彭智的话，鸿铭摇摇头："一见到客户就直奔主题推销，常常会使对方情不自禁地竖起防备心理，大多数人都会毫不犹豫地拒绝。试想，如果一个陌生人向你推销产品，你会第一时间购买对方的产品吗？大多数时候不会，凭什么要相信一个陌生人呢？我们有掏钱的理由吗？"

"那该怎么说？"彭智追问。

鸿铭是个慷慨大方的人，无私地将自己的"秘诀"传授："其实，产品再好，也不如两个人的关系好。如果彼此之间的关系拉进了，成交的可能性就很大了。"

见彭智依然迷惑不解，鸿铭解释道："比如，见到事业有成的老板，我会说'您就是王总吧？真高兴见到您！我早就听过您的大名！'""见到普通的教师，我会说'我从小就想成为一名教师，可惜没能如愿！见到您，我觉得特荣幸。'……这是不是马上就拉近了和对方的距离？心理距离拉近了，疏离感消除了，接下来的沟通就会顺畅很多。"

自此，彭智总算明白了，与人交谈之前首先要突破陌生的"关隘"，让不相识的人迅速熟悉起来，为双方搭建一个良好的谈话桥梁。做好这一铺垫，沟通的结果就会大不一样。跟鸿铭的这次交谈，让彭智在工作上受益良多。

去年，彭智被公司安排去总部参加一场重要培训。总部安排的是标准双人间，当彭智进入房间时，另一名培训人员汪鹏已经入住，此刻正躺在床上玩手机。

彭智放下手上的行礼，率先打招呼："你好，很高兴认识你。"

"幸会。"汪鹏抬头看了一眼，然后继续玩手机。

彭智心想，自己要在总部培训两周，这就意味要和汪鹏一起住两周，这样冷淡的相处可不行！显然，汪鹏并不健谈，也不热衷结交新朋友。看来，只能由自己拉近彼此的关系了，于是他接着问："你是哪里人？"

"山东泰安。"汪鹏漫不经心地回答，视线依旧没有离开手机。

"泰安是个好地方。"彭智说道，"我有个同学也是那里的，离泰山很近，他把爬泰山当成日常运动。"

"哦？"汪鹏的视线终于移开手机，"爬泰山可是一个力气活。"

"谁说不是呢？我第一次爬泰山，就是他陪我去的……"

两个人越聊越有劲，临近晚饭时间，汪鹏主动邀请彭智一同用餐。

从互不相识，到侃侃而谈，彭智只用了半个多小时。

不会聊天的人，聊上数个小时陌生人依旧是陌生人；而会聊天的人，三言两语就能将陌生人变成熟人。不要以为这是奇迹，当你学会了"一见如故"的沟通技巧，这些奇迹也会发生在你的身上。

"听说您是××学校的，我也是那里毕业的。说起来，我是您的学弟呢！"

"听说您是杜老师的学生！他是我的伯伯。"

"听说您的家乡是××，我在那里上的大学。"

……

美国前总统里根曾说："你在游说别人之前，一定要先解除对方对你的戒心。"

防御心理是阻碍融洽沟通的一座"城墙"，人与人之间的谈话很多时候都是情感之间的交流，以上话术看似十分随意，却也不会令人觉得牵强、不自在，可以迅速消除对方的拘谨感和防御心理，在不知不觉之中产生"一体感"。情感上的距离感消失了，交流也就没那么多阻碍了。

现实中的"一见如故"，大多是谈出来的。在和陌生人沟通之前，不妨先认真观察对方，如对方的举止动作、职业身份、服饰等，将其作为"投石问路"的线索，继而引发更深入的交谈，使沟通顺畅地进行下来，甚至聊出熟悉感。

多说一些悦耳的话总是没错的

与人打交道，我们常常会发出这样的感慨：某某真会说话，让人听着很舒服，如沐春风；某某说话怎么那么难听，听了让人心里堵得慌，甚至记恨多年。哪一种人更受欢迎？答案不言而喻。

临近毕业，某大学的一个男生准备去一家大型企业面试。面试的前一天晚上，他做了一个梦，梦到一个人行进在一条向上的山路上，路很窄，只够一个人走。路很长，仿佛没有尽头。醒来之后，他觉得这个梦似乎有点儿深意，就告诉了舍友们，让他们帮助自己分析一下。

一个叫王栋的舍友，性格大大咧咧，习惯直来直去，有什么就说什么。他一听，连拍大腿说："你还是别去面试了，这次肯定过不了。你想想，山间的小路崎岖难走，这预示着你选择这条路的话，肯定面临许多困难和阻碍，不如提早放弃。"

该同学一听，顿时有些懊恼，变得心灰意冷。

另一位叫刘琛的舍友，思索了一会才开口说："我倒觉得，你这次一定要去试试。你想想，你走的这条山路是向上的，预示着你在事业上会得到提拔，是吉兆。路很窄，只够你一个人在走，这不说明你能从众人中脱颖而出吗？"

该同学一听乐了，于是精神振奋地参加面试，最终被成功录取。

同样一个梦却有不同的解析，带给人的感受也不尽相同。

人人都有表达观点的权利，但很多人没有思考过：自己说出来的某一句话，特别是那些有负面暗示的话，于自己而言可能就是随口一说，于别人而言却可能意味深长，甚至会影响到对方一整天甚至是一段时间的心情。

俗话说"良言一句三冬暖，恶语伤人六月寒。"的确如此，作为人与人之间交流传递的介质，语言对人的感受和情绪会造成直接的影响。要想达到最好的沟通效果，就要对人多说一些好听、受用的话。在交谈之前多思考一下，找到对方可以接受的沟通方式，说出的话要给人以希望，让人感到温暖。

一次，齐珂受邀前往一所职业高中进行职业规划活动讲座。据说，这所学校几乎都是"问题学生"，学习成绩一般，还经常调皮捣蛋。

活动中，一个男孩很忐忑地询问："我们学历不高，以后会有出路吗？"

齐珂回答："这是自然的，技术型的人才只要技能过硬，不愁发展。"

活动结束后，一位同仁对齐珂说道："你不该欺骗这个小孩子，现在工作这么难找，他们仅仅是职高生，哪么容易就找到好工作？"

齐珂何尝不知道现在的竞争有多么激烈！但他深知，这个年龄段的孩子正是需要鼓励和肯定的时候，所以他向同仁解释说："孩子还那么年轻，他只需要知道，把自己能做的事情做到最好是有前途的。然后，尽他自己最大的努力去做就好了。"

随后，齐珂就淡忘了这件事。多年后，他参加一场发布会，一位年轻的记者突然激动地拉住了他，并询问道："您还记得我吗？"

齐珂仔细地打量了一番："你是？"

通过介绍，齐珂才想起来，他就是当年那个男孩。"我是一个不折不扣的不良少年——逃学、打架、抽烟，一直不被父母看好，就连自己也对未来没有信心。但您那天的那句话，点燃了我心中的信心，改变了我的心态，我开始变得积极、乐观、自信……后来，如愿在报社找到工作。"

人生真的好奇妙，一个人，一句话，便足以成为另一个人命运的转折点。

许多人说："我不是不愿意说好话，而是觉得那样太虚伪了，有什么说什么就好了。"也有人说："我也想说所谓的'良言'，但不知道该怎么说。"

对于前一种说法，我们需要知道，沟通是需要换位思考的，既然每个人都希望听"良言"，发自内心地去欣赏对方的长处，帮助对方去看到某一事件的正向意义，跟虚伪没有任何关系。而后一种说法，就是我们说的有心无力。对这样的情况，只要在说话之前多加考虑，想想自己可以怎样更好地表达，就不会惹人厌烦。

语言从来都是有力量的，温暖的话语更是一种强大的力量。千万不要小看那些总是爱说温暖话语的人，这种人的内心通常都有大爱，会适当地将别人放在心上。也只有将别人放在心上，说出来的话才会温暖。良言暖心，助人又修心。日久天长，必然收获不一样福报。

好的关系就是"我愿意听你说"

沟通，是两人或多人之间的一种语言交流。在这个过程中，不可能所有的人都说，有说者，就得有听者。说者能否说好，听者能否听好，直接决定着沟通的效果。通常，**一场有效的沟通，恰恰就是"说"与"听"之间的来往**。

生活中有些人只知表达自己，而不懂得倾听别人。比如，在聚会上，经常有人春风得意，只顾自己絮絮叨叨说个不停，压根不给别人说话的空隙，丝毫不顾及其他人感受。如此，不仅失去了基本的修养，而且听者也觉得烦躁，甚至认为他只是在自吹自擂，当然更不可能达成共识和共通。

不信的话，你可以回想一下：在你认识的所有人中，或者你所能记得的所有谈话对象里，有没有那种一张开嘴说话就没完没了的人？再回想一下：你们过去在一起交谈时，当他嘴巴一刻不停地自说自话，耳朵却从不曾为你打开，关心你的想法时，你会不会觉得这场谈话很无趣，没有丝毫愉快可言？如果你遇到过这样的朋友，你一定就能体会到沟通中的倾听有多么重要。

沟通是说与听的互动，一方愿意说，另一方愿意听，交谈才能愉快地进行下去。在这个过程中,"说"的人显然是主角,拥有更多的表现机会。试想一下:当有人愿意听你谈论自己时,你是不是会有种被关注、被重视的感觉,进而对对方产生好感?人际交往中有一个"黄金法则":**用你希望别人对待你的方式去对待别人**。所以,你希望被重视、被关注,别人也一样有这样的渴望和需求。

社会上的很多成功人士,在尚未成就自身事业之前,家庭背景不见得多好,学历也不见得多高,也不见得口吐莲花,但他们往往都有一项共同的特质:善于倾听。他们会鼓励自己去探寻对方的想法,满足对方自我表达的需要,让对方感受到被尊重和被认可,进而拉近彼此之间的关系。

阿坤一直被认为是个沟通高手,因为他似乎和任何人都能愉快地交谈,无论对方是什么样的性格,从事什么样的行业。对于阿坤来说,这世上好像就没有撬不开的嘴。有人问及其中的秘诀,阿坤微笑着回答:"也没什么,我就是长了一对愿意听人说话的耳朵。"

这天,阿坤和朋友一起参加一个小型行业聚会。席间,朋友介绍阿坤与阿哲认识,两人是初次见面,之前只听说过对方的名字。朋友介绍两人认识之后,忙着处理其他事情,起初他还担心他们能否谈得来,因为阿哲性格高傲、交友挑剔。没想到,片刻之后再回来,发现两人的沟通氛围特别好。

"你的身材很好,平时是不是很注意保养,经常健身?"阿坤主动问道。

"我每天坚持跑步。"阿哲语气淡淡地回答。

"你对跑步这件事有什么特别的感受吗?"阿坤继续问道,"我想向你取取经。"

接下来,阿哲开始兴致勃勃地讲述跑步时的感受,以及跑步给自己带来的益处,而阿坤就在一边认真听着,期间还会时不时接应或点评几句。那场聚会中,阿坤听得很开心,当然阿哲说得更开心。后来,两人不仅因为这次愉快的交谈成为朋友，还开始了业务上的往来，关系突飞猛进。

阿坤只是扮演了一个好的倾听者，就顺利赢得了阿哲的信任与好感。这不是偶然，而是一种必然。因为我们每个人都有说话的欲望，都希望自己说的话能得到别人的回应与重视。一个愿意倾听并且乐于倾听的人，无论于谁而言，都会是一个理想的沟通对象，也能更快赢得对方的喜欢。

美国著名记者伊萨克·马克森说："许多人不能给人留下很好的印象是因为他们不注意听别人讲话。他们太关心自己要讲的下一句话，以至于不愿意打开耳朵……一些大人物告诉我，他们喜欢善听者胜于善说者，但是善听的能力似乎比其他任何物质还要少见。"

在沟通中，听比说更重要。"说"是阐述，是内心观点向外界的释放；"听"是收集，是综合他人思想的渠道。一说一听，是相互意见的交换。我们只有认真地倾听对方，才能了解对方的所思所想，才可能走进对方的内心世界。有了这样的奠基，在沟通的过程中，就能很容易地引起对方表达的兴致。

事实上，听还是说的动力。当你愿意牺牲时间、拿出足够的耐心去倾听对方压抑的深情、生活中的喜悦、工作上的困顿时，对方一定会心存感激，并萌生这样的感触："他很尊重我的感受。""他对我说的事很有兴趣，我还可以多说些。""他能理解我，是一个值得结交的人。"……

通常，人与人沟通，无非是渴望找到愿意听自己说话，且能听懂自己心声的人。沟通过程中不要把"我"当成谈话中的核心和重点，要发自内心地去感受对方表达过程中所蕴含的情感，以及情绪的起伏变化，精准地接收对方所想要传达的信息，这种建立在尊重基础上的交流是抚慰别人的最好方式。

所以，真正的倾听不仅要用耳朵，更要用心。不仅要听对方说的内容，理解对方的观点，还要了解对方的感受和情绪，要保持良好的精神状态，全神贯注，聚精会神，表现出自己乐意倾听，且有兴趣与对方沟通。在倾听的过程中，还要善于运用微笑、点头、提问题等，及时与对方呼应。

今后，当有人想在你面前表达自己时，记得做一个善解人意的倾听者。

越有悬念的话语，越让人好奇

很多经典电影之所以让人惊叹，并非素材多么令人惊喜，而是情节悬念迭出，将真相切割成一个个片段，穿插在其中，在一个个表象下面还隐藏着更加扑朔迷离的问题，让人不由自主地去探寻、去追问。

沟通也是如此，话不能平淡地说，而要讲究一定的技巧。如果你总是平铺直叙，语言不加修饰，情节没有起伏，别人往往听到开头就立刻猜到结尾，这场沟通必然是索然无味的，别人也不会愿意浪费时间去听。要想让你的谈话内容吸引人，就需要在陈述时制造一些特定的细节、人物、场景等悬念。

这样做真的有效吗？当然有。别忘了，每个人都有好奇心，尤其是对自己不了解的、不熟悉的事物会特别关注。制造悬念的目的，就是为了引起听者的好奇，吸引他们寻求谜底。只要对方追问"为什么""后来呢""怎么会这样"等问题，谈话就能进一步深入下去。

你听过世界上最短的科幻小说吗？它仅仅只有一句话——"地球上最后一个人独自坐在房间里，这时，忽然响起了敲门声……"看到这句话，你是什么感受？

虽然只是短短的一行字，但促使人们探求的问题简直太多了——

"地球上怎么只剩下了一个人？"

"其他人都到哪里去了？发生了什么事情？"

"如果这是地球仅剩的人，那么敲门的又是谁？"

"这最后一个人是否会开门？开门后将看到什么？"

"……"

《鬼谷子》曰："听贵聪，智贵明，辞贵奇。"这句话的意思是，听话贵在听清楚，智慧贵在明辨事理，言谈贵在变幻莫测。

沟通往往带有一定的目的性，成功吸引别人的注意，才有继续的可能。想要一开口就打动他人，并且保证谈话顺畅地进行下去，就必须出奇制胜——创造话题引发对方的好奇心，激发对方的兴趣，进而吸引着对方渐渐放下戒备心理，一步步地走向更深入的沟通。

钱峰是一家电子产品公司的销售员，虽然其貌不扬，业绩却非常突出，连续三年都是公司里的"销售冠军"，目前已被老总提升为销售经理。

朋友问："同质化竞争这么激烈，你是怎么把东西卖出去的？"

钱峰没有直接回答，而是反问一句："男人究竟喜欢什么样的女性？"

男人究竟喜欢什么样的女性？美女？才女？淑女？朋友一一回答。

钱峰却笑着摇头，"这些答案都对，又都不对。男人最喜欢神秘的女性。有些女性约会时话语不多，欲言又止，看不真切，想走就走，似乎一点情面都不留。可就是这样的女性，恰恰最让男人欣赏，他们会忍不住猜想：她到底是一个什么样的人？她在想什么？她到底喜不喜欢我？她那个眼神是什么意思……"

钱峰话锋一转，回到销售的问题上，解释说："做销售也是这样的道理。

与其急着向客户推销,不如营造一种神秘感,吸引客户来一探究竟,让他对你的产品产生兴趣。"

在向客户推销一款防水手表时,钱峰时常是这样开始的:"下雨天,我们都渴望有一个能给自己撑伞的人,但也需要一个能陪自己淋雨的东西。"这样的开场白,会对客户产生什么效果?亲眼看看大家的反应就知道——人人都聚精会神地盯着钱峰,强烈的好奇心让他们想了解这个东西是什么、是干什么用的。

悬念能引起别人的好奇,钱峰就是使用这种方法,使客户产生探究答案的强烈愿望,然后引导客户把话题转向产品性能,从而让客户产生购买产品的兴致。

在沟通过程中,有些人总是不厌其烦地陈述自己的观点,结果说得越多越惹人厌烦。而沟通高手则会激发别人的好奇心,让对方像一个好奇心十足的孩子一样,颇有兴趣地探询:"这是什么?""为什么这样?""如何做到的?"并乐此不疲。这两种方法哪一种更省力、更有效,无须多言。

"你知道吗?今天我遇到一件奇葩的事情。"

"关于他这个人,我几乎无法用言语表达。"

"这是我一生中做的最值得自豪的一件事情。"

"三年前的一个选择改变了我的一生。"

……

将一段比较离奇的故事、一次不凡的冒险或者一位名人的话,甚至一个具体事物、人物某一时刻的神态等作为沟通的开始,越有悬念越能撩动人心。

当然,制造悬念既不能生搬硬套,也不能故弄玄虚,生硬牵强的"波折"只会使人眼花缭乱,甚至厌烦,从而失去悬念应有的效果。设置悬念应该尽量做到巧妙安排和构思,既要在意料之外,又要在情理之中,才能使别人的好奇心得到满足,更好地激发别人倾听的兴趣并对你加以关注。

高效率的谈话，简明扼要有时效

说到沟通，不少人存有一个误解，总认为话多的人沟通力就强。其实不然，话说得太多也会有弊端。

一期求职的电视节目中，有这样一个求职者，他是名牌大学的毕业生，对自己的能力充满信心，希望获得一个广告策划的职位。

在自我介绍环节，这名大学生可能是想把自己的能力全方位地展示给面试老师，所以准备了一份40多页的PPT，从学历说到性格，从中学一直保持班级前三名，说到大学是多个社团的骨干成员，在校期间每一份兼职都细细数来……时间已经过去五分钟了，他还没有终止的意思。

几个面试老师开始频频皱眉，后来有人不得不打断他。

进入提问环节，一位面试老师问："假如我们公司推出了一款运动型饮品，你担任策划人，你会怎样宣传这种新产品？给你三分钟的回答时间。"

这个求职者立即开始侃侃而谈："据我了解饮品有多种分类，比如从配方上，有浓缩果汁、蔬菜汁、含醇饮料、碳酸饮料等；从功能上，有维生素饮料、矿物质饮料、运动类饮料、益生菌饮料等，每种饮品都具有特定的功能。不同年龄，不同体质，不同人群，应该选择不同饮品……"

"对，你说得没错。"面试老师打断他，"但我现在问的是，你会怎么做策划宣传，你只要说出你的方案即可。"

"我说的就是策划，这是前期必须了解的知识。"求职者强调完毕又接着说道，"运动型饮品的主要功能是及时补充人体因大量运动出汗所损失的水分和盐分，使体液达到平衡状态。现在许多人都很重视饮食健康和身体健康，同时全民流行健步走运动，所以这款产品的市场还是很广阔的……"

"这一点市场部已经证实，无须多说。"面试老师再次打断他。

"这个环节必须要说清楚，这对策划很重要。"求职者为自己辩解。

接下来，求职者想到一个点又发散开来，他认为将自己知道的尽可能多地表达出来，这样就能赢得面试老师的好感，为自己赢得更多的灯，所以他不停地说。

最终，一位面试老师忍无可忍打断他："抱歉，你已经说了十分钟，还没有陈述完毕。这里虽然是一个展示自我的舞台，但我们提供的这个机会，并不是让你展示口才，我们不想听长篇大论的演讲，也不想知道你的口才到底有多好。我们想知道的是你的能力，你的策划方案是什么？"这位老师说完后，就把灯按灭了，其他老师也都陆续灭灯。

这位面试者准备了太多的内容，讲解时啰啰唆唆，没完没了，自己想要表达的中心还没来得及说，规定的作答时间已经过了。面试官没有得到问题答案，自然就灭了灯。这位年轻人的求职以失败告终。

可惜吗？当然可惜，但并不值得同情。为什么？换位思考一下：如果有人在你耳边一直说个没完，你是什么心情？你会不会感到疲倦和厌烦？不管什么事物，过犹不及。沟通也是如此，没完没了、毫无重点地陈述只会让人心生厌倦，好话也变成了坏话。

话不在多，达意最灵，**沟通的一大原则就是简明**。语言表达上的"简明"，包括"简"和"明"两个方面。"简"，即"简练"，就是语言力求简练，不能啰唆重复，不要说多余的、重复的话；"明"，即"明晰"，就是要把你的意思表达清楚，使对方准确理解含义，这样就足够了。

有效的沟通，是靠具有实际意义的内容来打动对方，且是讲究时效的。那些会沟通的人，不一定是说话很多的人，但一定是谈话时效很强的人。为了更好地表达出自己真实的思想和情感，让别人能在最短的时间内听懂自己的观点，他们的表述通常简明扼要，用精练的语言传达最关键的内容。

蔡京是一个不喜欢参加行业聚会的人，原因就是厌倦了聚会中那些冗长的谈话。这天，他被邀参加一个行业宴会。这次宴会是行业内规模最大、水准最高的，蔡京希望自己能借机了解到一些最新的行业消息，便和朋友一同前往。

开会当天不出所料，主办人先走上台发表了一通冗长又煽情的贺词，对各位到会者表示了欢迎。不知不觉十几分钟过去了，蔡京觉得有些无聊，再看看旁边的朋友，也似乎有些昏昏欲睡。又过了几分钟，主办人宣布："现在，有请著名的企业家高先生上台为本次会议致开幕词。"

"这次没准又得十几分钟。"蔡京和朋友低声议论着，"这些人逮着机会就爱表现。"

只见这位高先生快步走上演讲台，他没有打官腔，说套话，而是快速而清晰地说了一段话："敬业与创新，改革与发展，是我对这次大会的期望。

我想把时间留给后面更精彩的部分,现在我宣布会议正式开始。"这句话简短有力,且颇有见解,一语中的,可以说是最佳的开幕词。

说话最基本的要求,就是言简意赅,用最简洁的话语表达丰富的含义,这样的话才是最吸引人的,才能给对方留下一个深刻的、良好的印象。

那么,如何做到简明扼要呢?这里介绍三种有效的方法。

1. 去次留主法

只保留主要的内容,删除没有意义的语句。这就需要我们根据自己想表达的内容,找到关键的句子,以此作为表达的核心。

2. 化繁为简法

善于把复杂的表述简明化,这是确保表达简明的又一方法。尽量使用短句,使用通俗易懂的语言。当你的表达中没有重复、烦冗的成分,一般情况下就不会让人感觉啰唆。

3. 善于概括法

从表达上说,就是对内容的高度概括。在阐述观点时,每一句话都要围绕既定中心,不要节外生枝,努力做到用一句话将其进行概括,如此才算得上简明。

当你说出的每一句话都是精髓,句句都能抓住人心时,你也就能快速获得他人的好感与信任,并以更高的效率解决问题。

爱提问的人都很受欢迎

在沟通中，说是一种能力，可以表达自己的观点。但在"说"的同时，我们还应该学会"问"，这是获取信息最直接的方式，也是引导话题最有效的策略。

如果对方经营一家苹果授权店，而你对电脑、手机类的东西兴趣不大，知道的不多，你可以问："近来听说苹果的新款手机要上市了，消息准确吗？"

对于正流行的东西，大家都很关心，且又是对方熟悉的领域，经你一问，对方必定"有话可说"：从新款手机会增加哪些新功能，再到与之前款式与众不同的地方、可能的售价……围绕这一话题展开提问，让对方展示出自己的知识优势，定能避免"尬聊"的情境。

这就是会提问的人能够实现的沟通效果，形象一点比喻就是"哪壶开了去提哪壶"。我们所面对的沟通对象是各行各业的，而我们不可能所有行业都精通，所有知识都涉猎，此时硬着头皮"尬聊"势必影响沟通氛围。通过提问把话题抛给对方，让对方就其了解的内容去述说，一方面能够获知对方的许多信息，另一方面可借助这些信息随时修正交谈内容，设计更有针对性的提问，从而实现进一步的沟通。

正如一句话所说,"提不出好问题,就是最大的问题。"归根结底,"提问"就是"你"和"我"的一对一交流。我们在沟通中向对方提出问题,目的显然是希望能够从中获得对方的一些信息,最终完成有效沟通。

越是被誉为"成功"的人,在沟通中越善于向别人提出问题。

岳东的儿子小允今年考上一所著名大学,学的是土木工程专业。为了庆祝儿子出色的发挥,也为了方便他以后的学习,周末岳东独自来到市区中心的电脑城,想给儿子买一台高配笔记本作为礼物。岳东平时对电脑了解不多,看着电脑城那么多商铺,不知该挑选哪一家好,于是随便选了一家铺位。

一看岳东走进来,一位小伙子立马热情地迎了上来:"您好,想看些什么?"

岳东询问:"我儿子今年考上了大学,我想给他买台笔记本,哪一款比较合适?"

小伙子赶紧介绍道:"您看,这个型号,高配置,显卡也好,运行特顺畅"。

岳东有些迟疑:"我也看不懂,这台真的好?"

"当然。"小伙子回答,"好多玩游戏的男孩,都指明要购买这款的。"

岳东摆摆手说:"谢谢你,我再转转。"

"怎么就走了?"小伙子有些丈二和尚摸不着头脑,"不是介绍得好好的吗?"

岳东又来到拐角处一个电脑铺,一个女孩热情地招呼道:"您好,想看些什么?"

"哪一款电脑好?"岳东询问,"我儿子刚考上大学,我想给他配台笔记本。"

"恭喜恭喜。"女孩笑着说道,"哪所大学呀?什么专业?"

岳东如实告知,话语中带着自豪。

"那可是名牌大学,专业也不错,可真厉害!"女孩笑着回应,接着提问道,"那您对电脑配置、功能等方面,有什么需求?"

"日常的基本功能具备即可,主要是为了方便学习。"岳东回答。

女孩点头认同道:"那是那是。考上名牌大学不容易,可得把握这么好的读书机会。您看您想买什么价位的笔记本呢?"

岳东回答:"五六千左右,性价比良好的。"

"我明白了!"女孩继续介绍道,"您看这台怎么样?屏幕大,功能全,应付正常的学习办公绰绰有余。孩子用着比较舒服,不容易累。还有一点,看电脑时间长了对孩子的眼睛不好,为此我们设置了一键'自动防蓝光护眼模式',只需要按下这个按键,电脑即可开启护眼模式,过滤屏幕有害蓝光,可以最大程度保护视力,并有疲劳提醒、健康分析等功能。"

听完介绍,岳东爽快地买下了这台笔记本。

实际上,这个女孩和前一个小伙子推荐的是同一品牌、同一系列的笔记本。小伙子输在哪儿了呢?他把重点放在产品介绍上,忽略了顾客的情感需求,也没有意识到顾客的购物需求是学习,反而用了网络游戏玩家也在购买的说辞,家长一听必然反感。在很多家长看来,游戏和学习是完全"冲突"的事。

后一个销售女孩,在这一问题上处理得就很好。她用一连串越来越精准的问题,获取了顾客的想法和意图,也清楚了顾客的购物需求。接下来,她强调了所推荐的笔记本更适用于学习,孩子使用起来更舒适。这是一种对顾客设身处地的考虑,是一种真心实意的建议,自然能够打动顾客,实现成交。

有一句英国谚语是这样说的:"要想知道别人的鞋子合不合脚,穿上别人的鞋子走一走就知道了。"这就告诉我们,想要真正了解别人,就要懂得站在别人的角度思考问题,而不是自己一个人想当然地揣测。提问,就是在不引起对方反感的情况下,循循善诱地问出你想要的信息。

当然，提问并非随心所欲，想问什么就问什么，而是需要提前做好准备工作，提出有技巧性的、合理性的，以及让对方感兴趣的问题。

在提出问题之前，我们最好先了解对方，站在对方的立场上思考一下，自己准备提的问题对方是否愿意回答？是否会引起对方的不适和尴尬？时刻要记住，问话的目的是引起双方的兴趣，让沟通顺畅地继续下去。如果你所提问的问题，对方答不上来或者不愿回答，场面将是多么尴尬。

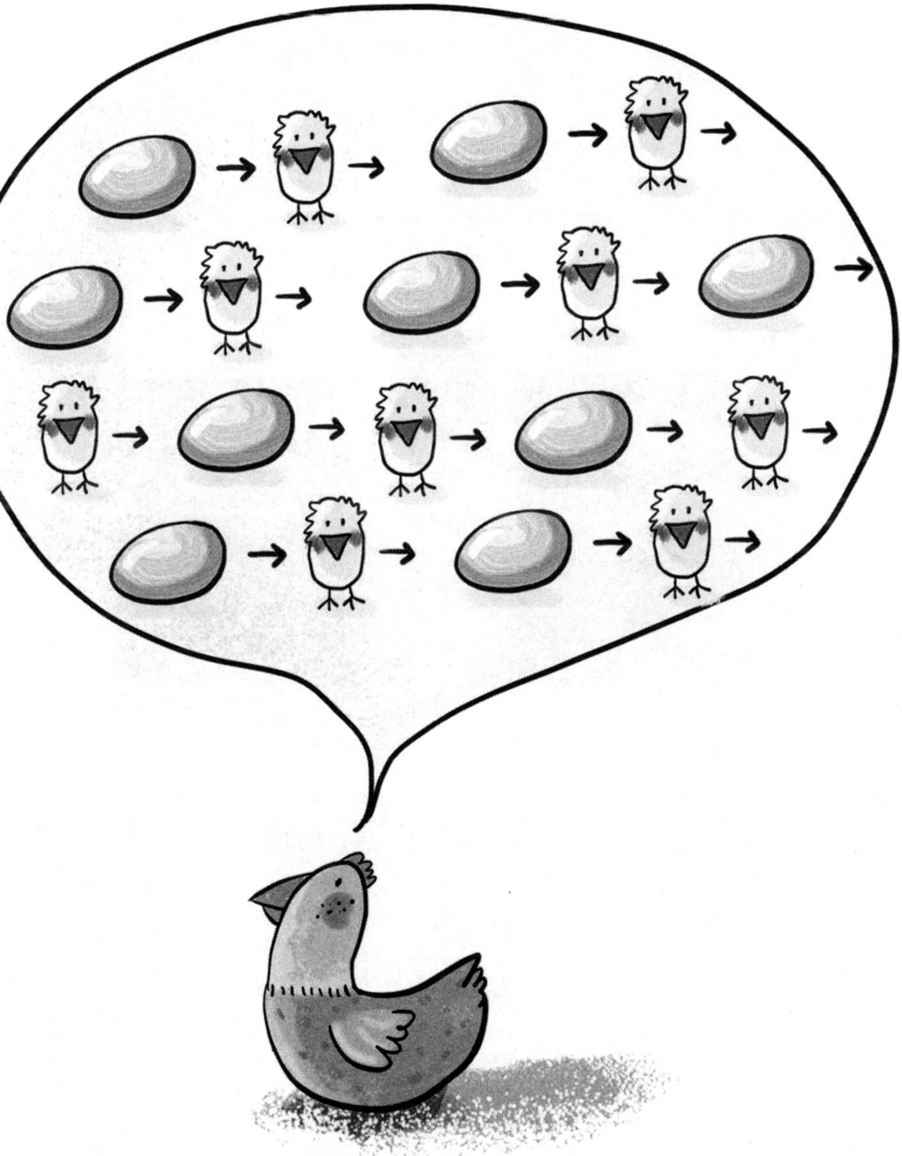

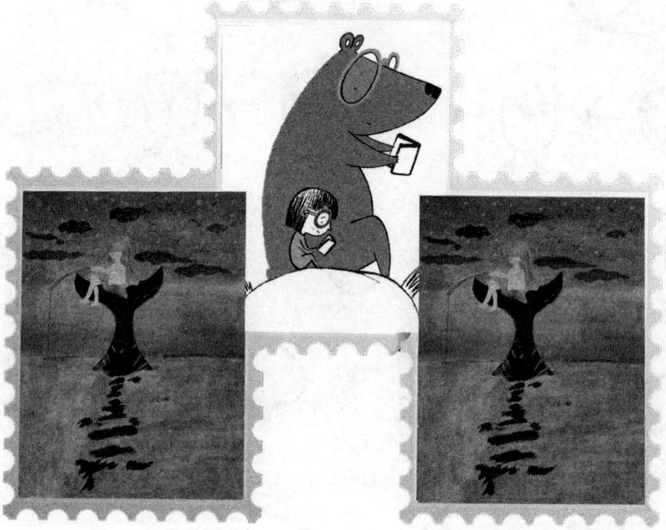

Part 3

很多事情没有对错，
只是立场不同

在现实生活中，我们每个人都习惯带着主观倾向去观察和判断这个世界。对同一件事，各人有各人的判断，各人有各人的立场。当不同立场发生碰撞，争论对错是没有意义的，因为很多事情本身没有对错之分，只是立场不同。为此，真正的解决之道是换位思考，不再用自己的立场剥夺他人的权益。

每一件事情都是有双面性的

在沟通过程中，破坏力最强的语言莫过于三个字——"你错了"。

每个人都有一套自己的"度量衡"，形成的过程以及标准，与个人的成长经历、学识阅历等有关。很多时候，我们会无意识地把自己的"度量衡"当成标杆，以此去判定事物以及他人的是非对错，习惯性地给别人的言行"贴标签"、下定义，甚至毫不留情地对他人提出指责和批判。

是不是别人真的错了呢？答案是，不一定。有些时候，当我们认为别人错了，事实上只是对方的言行举止不符合我们的标准，而我们的标准并不是真理，自然也无法成为评判别人对错的依据。

安武是一位自由撰稿人，为了追求所谓的"灵感"，他的大部分时间都在旅行中度过。三十而立的年纪，无固定工作，收入不稳定，依旧单身状态。

"你这样下去不行的。"家人和亲戚曾不止一次劝诫他，"年轻人，一定要出人头地，一定要光宗耀祖。最起码，你得找份稳定工作，努力拼搏，升职加薪，结婚生子，过安稳幸福的人生。"

安武笑笑不语，依然我行我素。许多人认为他不学无术，据说他的父母也不理解他，要么与他争吵，要么与他冷战。

谁也没想到，在之后的两年里，安武在行走中不断感悟，不断创作，拍了100多个视频，写了300多篇文章，文章大多是旅游的感悟体验，可以看出他的知识很广博，视角很独特，分析也很有深度，最终他成了"旅游大V"，年入几十万元，比家里人期待的那种"按部就班"的生活模式更精彩、更有趣。

说起自己的经历，安武坦言："一开始许多人都觉得我的选择不好，但是好不好，坏不坏，自己的感觉说了算。虽然这份工作在常人眼中不稳定，但我喜欢这种无拘无束的感觉，我觉得年轻人没必要在一个地方耗下去，一个人也只有看过了世界才能真正形成世界观。"

"去过那么多的国家，你最大的体验是什么？"朋友问。

安武回答说："懂得了这世界上没有绝对的正确，能够接受别人有不同的三观和其衍生出来的思考方式。比如在意大利，我可以穿得特别随意地去买个热狗，可以在耳朵上打一排耳洞，也可以慵懒地躺在街上晒太阳……没人觉得我是另类，我感受到了尊重的意义。"

不管你承不承认，人与人之间是不一样的，不同的人有不同的追求，不同的人有不同的热爱，不同的人有不同的幸福观。特别是在"活法"这件事上，没有统一的、放之四海而皆准的真理，一味以自己的标准去评判别人，只会招来对方的反感。没有谁愿意跟一个从来不会站在他人的角度、心情、处境去思考问题的人，过多地解释自己的选择。更何况，这个世界上的每一件事都有双面性，对与错是相对而言的，不可妄下定论。

所以，遇到难以理解的人和事时，我们不应该随意地评判，而要学会尽量设身处地去思考和分析——他们为什么要这样做？当我们学会不以自己的主观意识进行判断，并可以一分为二地思考和分析问题时，往往就会获得更全面、更理性的认识和结论。

亚里士多德在著作《论存在者与本质》里面有这样一段话："不要带着主观偏见和个人感情去看人，不要用你自己的道德标准要求别人，不要轻易去判断一个人的好坏，我们每个人是以独立的个体存在于这个世界上，却时刻在与周围的世界进行着联系。"

上述所言的"联系"，就包括我们一直在谈论的沟通。沟通，是彼此之间传递思想与情感的过程。不认同的观点，不要轻易否定；不喜欢的事物，不要随意批判。因为世上每一种客观事物，每个人的不同观点，都有其存在的理由。相互沟通就是每个人都可以在各自的立场中充分地表达自己，同时又尊重和理解对方的立场。

新英格兰著名女性主义者玛格丽特·福勒的人生信条就是："宇宙中的一切都是必然的，我接受宇宙中的一切。"脾气古怪的苏格兰作家托马斯·卡莱尔听到这句话后，不禁大声吼道："我的天哪！她最好如此。"是的，我们最好都如此——坦然接受和自己不同的存在，才能成为理智的沟通者。

偏见，是横在沟通中的一座山

"法官的儿子永远是法官，小偷的儿子永远是小偷。"

这是印度电影《流浪者》里提出的一个命题，当然电影最终否定了这种偏见。

什么是偏见？偏见往往是一个人出于个人态度的主观臆断，而我们的认识能力有限，知识水平也有限，很难保证对事物的看法符合真实的情况。这种主观判断和客观事实之间的差异，就有可能导致以点概面或以偏概全的现象，让我们无法心平气和地面对眼前的人和事。

车水马龙的十字路口，一个年轻小伙子正驾驶一辆高级轿车等红灯。当绿灯亮起时，小伙轻轻地踩下了油门。突然，一位骑自行车的大妈抢红灯，与轿车发生剐蹭，自行车的脚镫子刮了汽车的前保险杠。小伙看大妈没有什么大碍，觉得又不是自己的责任，就没有在意，想着开车离开。

大妈虽然没有被撞着，却被吓了一跳。见小伙要离开，她一把抓住车门，大喊："你撞了人就想跑？别跑！下车！"

见大妈这样一喊，小伙也不示弱，立即反驳道："明明是你闯红灯！我是正常行驶，你难道要碰瓷啊？"

"谁碰瓷了？你把话说清楚，"大妈觉得小伙冤枉自己，生气地说，"不要以为你有钱就了不起，胡乱冤枉人！"

很快，争吵声引来了诸多围观者，由于大家都忙着赶路，并没有注意事件是怎么发生的，只看见骑自行车的大妈一脸怒气地抓着车门。见此情景，有人开始窃窃私语："瞧这气势，是碰瓷吧？""这个小伙子可倒霉了"……大妈一听这话就急了："我没有碰瓷，明明是他撞了我，还想要逃跑。"

坐在轿车里的小伙子一脸平静，在他看来，闯红灯本身就不对，自己没有错，离开有什么不对呢？可旁观者听了大妈的话，又看这小伙子不但没有下车解决问题，态度还很冷漠，就开始七嘴八舌地声讨起小伙："撞了人了还这么有理，真是为富不仁！""小小年纪就开好车，说不定挣的是黑心钱呢！"……

这下子，小伙子也不淡定了，下车和大家争论起来。就这样，整个场面一下子混乱起来，争吵声此起彼伏，引发了交通堵塞。直到警察赶来，问明情况，把双方教育了一顿，交通重新畅通，人们才慢慢散去。

一起小小的交通事故，为何会引起这样大的影响？

究其原因，就是人们存有偏见。因为偏见，小伙子觉得大妈贪财，想碰瓷讹诈自己。而大妈觉得小伙为富不仁，撞了人却想要一走了之。因为偏见，穷人觉得富人傲慢无礼；富人觉得穷人寒酸计较。这种偏见，同时也影响了围观的人，使得大家不能客观看待问题，甚至说出火上浇油的话。

生活中存在各种各样的偏见，比如地域偏见、种族偏见、职业偏见、以貌取人等。偏见可谓是真实的"天敌"，比无知还要可怕。它不仅左右我们的思想，还影响我们的行为，甚至很多时候，我们不喜欢某个人，并不是因为对方真的不好，而是我们的内心偏颇地认定对方不好。

在一场商业酒会上，郑炎神色冷漠，静坐在角落，不跟其他人交谈。当朋友把大魏引荐给郑炎时，他的反应只是淡淡一笑。朋友解释说："郑炎这个人，性格比较高冷。"就因为这句话，大魏对郑炎的初次印象，就是一个心高气傲、目中无人的家伙。由于这种偏见，在后来的相处中，大魏对郑炎也是一副冷漠的样子，不愿表现出任何热情。

"我觉得，这种方法称不上理想。"

本来，这就是一句普普通通的话，并没有什么特别的意思。可是，当这句话从郑炎口里冒出来时，大魏立即就会认为：他只是想通过打压别人来凸显自己的能力。随着"讨厌"的种子在心中继续播撒，每次郑炎一说话，大魏就会觉得他是在挑毛病，也发自内心地不愿意配合他的工作。

后来，大魏有幸参加了沟通心理培训课程。他意识到，自己可能被偏见蒙蔽了双眼！他开始扭转自己的想法，学着理性客观地看待郑炎，心平气和地和他讨论问题。结果发现，这个人只是慢热，其实性格很随和。至于那次在酒会上的"高冷"，是因为他的奶奶刚刚离世，他还没有从悲痛中走出来，实在无法装出热情与快乐。

现在，大魏和郑炎会定期地进行沟通。遇到困难的问题，他还会主动向郑炎求助。两个人的关系得到了极大的缓和，并在沟通的过程中产生了不少共鸣，这给两人的生活和事业都带来了益处。

偏见的存在，会直接左右我们的言行。与任何人沟通，如果只凭主观臆断，很容易产生误会，或是产生防御甚至抵触心理。可能很多人内心都有一个疑问：

在沟通当中，偏见是怎样发挥出负面效应的呢？

我们来解释一下这个过程：当偏见产生以后，我们在心里会将一个人重新描绘一遍，并树立一个比较主观的判断。在印象形成过程当中，我们看到的都是支持自己信念的信息，而那些反对立场的证据，我们会不自觉地忽略和屏蔽。接着，我们就走进了一个怪圈：越是有偏见，看法越主观，这种主观又再次强化了偏见。

既然偏见是来自于个人认知的局限性，那么要避免偏见的话，就需要我们扩充自己的认知，通过学习和阅读，以及与具有不同知识背景的人交流讨论，不断改造内心的非理性观念。

想想看，在什么样的情况下我们更容易体谅一个人？当你了解了对方的现实处境，站在对方的立场思考问题，体会到对方的所思所想时，你会发现一切都容易理解了。**想要告别偏见，秉持一个开放的态度，当你见识得够多，能够设身处地地去理解他人的处境和行为时，你就很容易站在客观的立场上，作出相对理智的判断。**

多为别人考虑，就是为自己考虑

在沟通中，你会站在别人的角度思考问题吗？还是不顾他人感受自说自话？

回答这个问题的时候，大多数人可能会理性地选择前者。然而，置身于现实的沟通情境中，却有不少人会习惯性地以自我为中心，沟通时通常只考虑自己，说话简单直接，冷漠无趣。

邱清和赵峥是大学同学，关系一直不错。前几天，邱清打电话给赵峥，他妹妹毕业后一直没找到合适的工作，想让赵峥帮着在公司谋一份差事。

当时，赵峥不知如何答复是好，毕竟他们关系一直不错。不过，他心里很清楚，自己所在的公司对应聘者的学历有一定要求，而且还要经过重重应聘考核，而邱清的妹妹只是一所普通院校的大专生，依她当前的条件入职不太现实。于是，他就委婉告之："我也想帮你，但我没有那么大的权。"

"为什么？"邱清明显有些不悦，"办这点事不就小菜一碟？"

"公司有招聘的流程，哪能我一个人说了算……"赵峥耐着性子解释道。

"你总得试一试吧？"邱清继续坚持着，"拜托你了。"

"这……"赵峥沉吟着，"我先问问人事主管。"

几天后赵峥和邱清解释说，人事主管再三强调，所招人员必须有本科学历。没想到，邱清却认为他没有尽力，当即拉下脸来："你怎么不帮着好好劝一劝，不看僧面看佛面，他不可能不给你面子呀。实在不行我们送礼，让他帮着疏通一下也好。"

"这可要不得。"赵峥吓得直摆手，"这明摆着是让人家违法违纪，我帮了你就是害了人家，我总不能把人家往火坑里推吧。"

"真不够朋友。"邱清直接挂断电话，赵峥再打过去几次，始终无人接听。

后来，其他朋友转告赵峥说，邱清对这件事一直心生怨气，对他的意见挺大。

赵峥无奈地耸耸肩："我问心无愧。"

邱清只从自己的立场出发，根本不在乎赵峥的处境，也没有考虑对方的难处，以及会给对方带来怎样的影响，这种强人所难的方法实在令人不快。

只有当沟通双方都站在对方的立场上进行对话，沟通的语言才是有效的。切忌只考虑自己如何获得回报，而忽略深入对方的内心去体验对方的情绪与感受。**要尽可能多地做一些换位思考，顾及别人的难处和苦处，这种理解和体谅本身就是双方感受的连接。**当你这样做的时候，才能够换来对方善意而友好的回应。

何帆与谁都能聊得来，和谁都是好朋友，就连他的下属都由衷地对他称赞有加，心服口服。何帆的好人缘是从哪儿来的呢？他自己给出的解释是："上半夜想自己的立场，下半夜想别人的立场。"

前段时间，老板安排何帆做一个推广方案，提出的条条框框特别多，且实际操作并不容易。他其实根本不想做，可还是硬着头皮接受了。

"不想做就不做，何必为难自己？"朋友建议道。

"领导自有他的道理，如果谁不想做就不做，公司怎么运营？"何帆笑着解释道。

"你不是有几个手下吗？也可以让他们做呀！"朋友继续建议。

何帆听到这话却摇摇头："我自己都不想做，给手下做多不合适！"

"为什么你这么体恤别人？"朋友追问。

"我以前也是一名基层员工，总觉得领导对员工苛刻，不会体恤下情，更多的是下达任务，检查督导和问责。进入管理层之后，我才意识到领导有领导的不易，压力更大，责任更大。当然，我也会时常提醒自己，多站在基层员工的角度看问题，而后重新调整工作安排。"

细琢磨，何帆的做法不就是"己所不欲，勿施于人"吗？

有人说："趋利避害是人的本性，人都是自私的，总是爱自己比爱别人多一点。"坦白说，人或多或少都有一点私心，这是本性使然。但是，绝大多数人的私心都是在可控范围内的，且能够做到在一定程度上为他人考虑。

古语说得好："利不可赚尽，福不可享尽，势不可用尽。"这个世界不是哪一个人的世界，而是所有人的世界，给别人留一点空间，也是给自己留余地。

在与人相处的过程中，凡事不要太计较，心胸不要太狭窄，理解并体会对方的思想和感受，将自己和对方的位置对调，多一份相互理解，多一点通情达理。这样，既不让别人难做，也不让自己难堪，既可以沉淀许多浮躁与不安，也能消融许多不满与仇怨，可谓皆大欢喜。

我们应该记住拿破仑·希尔的一句忠告："懂得换位思考，能真正站在他人立场上看待问题，考虑问题，并能切实帮助他人解决问题，这个世界就是你的。"

轻易下结论，只会暴露浅薄

2018年10月28日，重庆一辆公交车行驶至长江二桥桥上时，与一辆红色小轿车相撞，失控冲破护栏坠入长江，当时车上载着15人。

这是一起令人悲痛的重大交通事故，消息报道出来后，网友基本上都在指责红色小轿车的女司机害人不浅，甚至引出"因女司机逆行，大巴车避让不及导致坠江"的事故鉴定原因。然而，在介绍事故情况时，警察却冷静地说，"对于这起事故我们非常痛心，并在努力调查事故原因。"

私底下，某单位的同事们也议论纷纷："还调查什么？已经有媒体公开报道了，就是女司机逆行造成的事故。""女司机就是惹不起，'马路杀手'不是白叫的。""技术不好就别开车，简直害人害己。""把那个女司机逮捕归案吧，伤害了这么多生命。"……

听闻这些言论，这个单位的领导一脸严肃地对大家说："仅凭一些网络上的资料，几张照片，就能判定这场车祸的孰是孰非吗？耳听不一定为真，眼见也不一定为实，在警察正式公布事故原因之前，这些都是捕风捉影的言论，你们不要这么早下结论。"

第二天，此事件有了突破性的进展。根据公交车内部视频显示，由于一名女乘客坐过站与公交司机起了争执，导致公交客车行驶中突然越过中心实线，撞上对向正常行驶的红色小轿车后冲上路沿，撞断护栏，坠入江中。这也充分澄清，之前遭人指责的女司机，根本不是害人者，她也是这场事故的受害者之一。

在事实公布之前，许多人都曾指责过这位女司机。这种不分青红皂白的言论，最是伤人。在生活中，我们一定要懂得约束自己的言行，对自己的言论负责任，不要对自己看到或听到的事情轻易作出结论，而导致有失偏颇。要知道，过早妄下结论，往往可能错过最重要的信息。

沟通更是如此，当别人与你交谈时，最大的希望是让你了解他的意思。此时，倘若你没有弄明白原因就主观臆断，不问青红皂白就下结论，很容易给人留下一种自以为是的印象。这样的做法，势必无法做进一步沟通，还可能造成误会，产生隔阂，伤害感情。

沈忱毕业于某重点大学，各方面的能力都不错，但工作业绩却一直不理想，特别是在与客户沟通方面经常出现问题。最近，上司让他重点发展一位大客户，他却因手头信息掌握得不够，败给了竞争公司，丢了一笔大订单。

得知情况后，上司将沈忱叫到办公室："你这段时间状态不好，有没有总结过原因？"

上司的本意是帮沈忱分析自己的问题，将工作状态调整到最佳。上司深知年轻人心高气傲，心理承受能力差，语言上尽量委婉。但一听到这话，沈忱的身体明显抖动了一下，并立即说道："这段时间我一直很努力，我做了很多的工作，没想到还是失败了，也得不到您的认可。既然如此，我引咎辞职。"

"我只是让你总结下原因，认识到自己的问题。"上司解释说。

"也许您没有责备我的意思，但是您真的认可我吗？"沈忱的情绪有些激动，"这个客户一直很难搞，您却偏偏给了我，您这分明是有意为难我。"

"是吗？你一直是这样以为的？"上司反问，"如果是这样的话，那我同意你辞职。"

就这样，沈忱辞职了。实际上，沈忱不知道，上司一直看好他的能力。当初之所以把这个重要客户安排给他，是为了锻炼他，然后找机会提拔他。有人问上司，为什么不把真相告诉沈忱？如果当时说清楚，不就能避免误会了吗？但上司却摇摇头，"既然他已经认定是我有意为难，我的任何解释都显得多余。"

结论，往往是沟通的终点——当你对某件事情下了结论之后，别人也就失去了继续与你探讨或沟通的欲望。生活中很多误会都是如此，因为缺乏一点点的耐心，因为只考虑自己的立场，所以错过了知悉对方真实想法的机会，也错过了最关键的"反转"，造成种种遗憾。

沟通是一种双向的互动关系，当你准备对某件事情下结论时，不妨先换个思路多维度地去思考和分析一下：为何别人会这样思考问题？他的出发点源自什么？再反观自己，得出的言论是不是经过了客观的观察与深刻的思考？有没有套用自己一贯以来的成见？是不是尊重了事实？

回想一下：在实际工作中，你是否也遇到过客户因为商品、服务不好等原因大发牢骚、抱怨连连的情况？当时的你，是怎么解决的？相信不少人都会感到心烦意乱，认为客户是在故意找麻烦、给自己添乱，有些人会消极应对，拖而不决，甚至置之不理。如果你这样做了，你会发现，客户将不断流失。

实际上，客户的抱怨并不是麻烦，而是一次改进工作的良机。通常，客户会抱怨是因为产品或服务没达到他们的期望，未能满足其需求。这个时候，如果能站在客户的角度思考一下，询问客户生气的真正原因，找到令其产生抱怨的缘由，就可以有针对性地改善产品或提升服务水平。

古人有云："凡人之举事，莫不先以其知，规虑揣度，而后敢以定谋。"这并不容易，但也并非无法做到。日后与人沟通时，刻意练习不轻易判断、不妄下结论、不凭主观想象，让事实说话，不但能够有效地减少麻烦、化解干戈，还可能迎来好运。

假如你是老板，会聘用现在的自己吗？

欣妍的一位朋友是国际贸易专业科班出身，从毕业到现在已经三年了，一直处于不断找工作、换工作的状态。通常都是试用期一结束，公司就把她"炒鱿鱼"了。

欣妍问及原因，朋友总认为自己怀才不遇，抱怨工作不适合自己，环境埋没自己：

"每天做杂七麻八的小事，我真倒霉。"

"老板根本不重视我，我有什么办法？"

"我明明也很努力，却没有人看得到。"

……

欣妍听到朋友的抱怨，问道："你对公司的业务流程熟悉吗？对于所做的国际贸易的问题完全弄清了吗？"

"我懒得去钻研那些东西，现在混一天算一天。公司给的薪水太少，哪有动力做事情。"朋友漫不经心地回答。

"咱们做一个换位思考，以你现在的工作业绩、能力和状态，假如你是老板的话，会聘用现在的自己吗？"欣妍反问。

"如果我是老板……"朋友沉吟了一会，给出了答案，"也许不会吧！"

欣妍要求朋友站在老板的角度考虑问题，不是替老板辩解，而是希望朋友尽早明白，企业是以营利为目的的经济组织。公司招聘的每个人都是能给公司创造价值的人，任何老板都不可能重视和重用一个不能为公司提供服务和创造价值的人。

通常情况下，当员工接到任务时，往往会有以下三种不同表现：

第一种：得过且过，经常无法完成老板交给的任务；

第二种：踏实肯干，老板吩咐什么就做什么，中规中矩地完成工作；

第三种：不仅能完成老板交给的任务，还能带给老板额外的惊喜。

第一种人自不用说，工作消极散漫，凡事都打折扣，老板最反感的就是这样的下属；第二种员工虽然能把任务完成，但表现普普通通，这样的人很难进入老板的视线；第三种员工则截然不同，其表现超出老板的期望，自然会得到老板的重视，升职加薪的好事当然容易落到他们头上。

商业的根本法则是尽量降低成本，同时尽可能提高利润，这一法则在人才使用方面也是适用的。在职场中，特别是同一个岗位，大家拿着同样的工资，享受着相同的待遇，老板对每个人的投资成本是一样的，他自然希望每个员工都能多创造效益，进而使企业获得更多的投资回报。毫无疑问，在同样的条件下，第三种员工带来的投资回报是更大的。

针对朋友的情况，欣妍为她提出了一些建议："用心对待自己的工作，好好把公司的业务技巧、商业秘诀、客户特点和公司运营弄明白，当你真正投入其中的时候,你可能会对这份工作有不同的看法。"

朋友听从了欣妍的建议,改变了往日散漫的习惯,对待工作变得格外用心,认真完成老板交代的每一项任务,常常下班后还在办公室里研究商业文书的写法。

半年过后,欣妍问朋友:"你对当前的工作有什么感受?"

"这几个月来,我觉得这份工作还是挺有意义的,当我学会的东西越来越多时,老板对我渐渐刮目相看,最近更是对我委以重任,我都快成公司里的红人了。"

事实上,欣妍早就料到了会有这样的转变。当初,老板不重视她,是因为她对待工作自由散漫、敷衍了事,又不努力学习业务,老板认为她不会有什么作为。而后,朋友痛下苦功改变自己,不仅工作态度变得积极,且能力不断提高,担当的责任多了,老板当然也对她刮目相看。

当我们的脑海里冒出这些念头——为什么升职的不是我?为什么加薪的不是我?为什么好机会落不到我头上?我们需要扪心自问一下:我为公司创造了多少价值?提供了多少服务?如果我是上司或老板,面对自己这样的下属,是什么样的感受?

要知道,价值决定位置,态度决定高度。

世界上没有天上掉馅饼的美事儿,那些少劳多获,甚至不劳而获的工作是不存在的,每个岗位都有其特定的职责,既然公司雇用你,发给你工资,理所当然地你就要在这个岗位上兢兢业业,努力把应做的事做好,体现自己的价值,让老板见到你做事的成效。

当你消极散漫时,当你力不从心时,不要找各种借口抱怨。试着站在老板的立场上,扪心自问一句:"如果我是老板,我愿意聘请现在的自己吗?"客观地看待自己的工作态度、能力及表现，你真的优秀到足以征服那个作为老板的自己吗？或者，你值得拥有比现在更好的待遇吗？

如果你现在的答案还不是很坚定，没关系，从今天开始，反思自己当下的行为，发扬工作中好的地方，不好的地方努力改正。当你能力足够强时，老板自然会给你升职加薪，说不定到时候，还有别的公司向你伸出橄榄枝。

钢铁大王卡内基说过："总有人抱怨公司支付他的薪水不够高，但是他从来没有想过，支付他工资的并不是公司，而是他自己的业务能力与工作表现。"将抱怨的精力和时间用来思考如何去解决问题，改变自己的现状，改变自己的思维，改变自己的言语，这就是让事业变好的转折。

下面，请你试着列出公司聘用你的五个理由，并列出自己的五个缺点和不足。

聘用理由： 不足：

1._____ 1._____

2._____ 2._____

3._____ 3._____

4._____ 4._____

5._____ 5._____

做这件事的目的，是发现自身的优势与不足。

请记住：你的优势，就是你的资本，如果你打算申请升职加薪，这是重要的评估依据。而你的不足，就是你需要提升的部分——无论是专业技能，还是工作心态，抑或个人学历，精进和完善过后，都可以助你提升个人价值。

在感情中，争论对错最是愚蠢

不知你是否听过这样一句话："男人来自火星，女人来自金星。"这句话，一语点破男人和女人是两个不同的物种。

男人说话大多都是直来直去的，女人说话则喜欢拐一个弯；男人倾向理性逻辑思考，比女人更擅长分析问题，而女人遇到问题时则倾向感性思考……这就注定了男女在沟通的过程中，更容易碰撞出火花；又因为彼此站在不同的角度，越想越觉得是对方有错，争吵也就成了必然。

在感情中，沟通永远是最重要的事，却也是最难处理的问题。很多时候，最终导致关系破裂的，往往都是沟通过程中产生了争执和误解。

杨瑾和老公是自由恋爱，完全是出于爱情而结合的，步入婚姻生活的第二年，他们却走到了离婚的地步。婚姻之所以破裂不是出轨，不是家暴，说起来简单，不过是两个人婚后在各种琐碎之事上产生了矛盾，如做菜要求不同，生活习惯相左，消费观念不一致，等等。

两人吵得最多的事情，就是今天究竟该谁做饭。

"媳妇，怎么还不做饭？我快饿死了。"

"想吃自己去做，我晚上减肥，不吃。"

"我上班一天累坏了，你做点饭怎么了？"

"你上班累，我上班也累，凭什么我做饭？"

"好好，那我点个外卖。"

"一让你做饭，你就点外卖，你为这个家做过什么？"

"这也不行，那也不对，你真是胡搅蛮缠。"老公不甘妥协反唇相讥。

杨瑾气势汹汹冲着老公吼叫："你呢？你对这个家完全没有责任感。"

……

渐渐地，婚姻生活中的一地鸡毛，消磨掉了两人之间的感情。

离婚以后，杨瑾曾和朋友们颇为感慨地说了这样一段话："我们都觉得自己很有道理，都想让对方低头，你不让我，我不让你。现在想来也是很好笑的，明明是因相爱走到一起的两个人，明明是可以坐下来一起沟通的小事，却偏偏如敌人般针锋相对，吵一次伤一次，久而久之就成了难以愈合的伤。"

不知不觉中，很多人把感情当成了战场，当双方观点出现不同时，会像着了魔一样的坚持己见，非要驳倒对方，让其承认错误，以彰显自己的正确才肯罢休。静下来想想，即使你用强硬态度把对方压下去了又怎样呢？只会让对方觉得你是一个根本不理解他（她）的感受的人，哪里会有喜悦之感？

在感情中，因为争论对错发生争吵，双方都会受到伤害。在争吵中获胜也好，落败也罢，大家都是输家。

感情不是对错的辩论场，家也不是讲道理的地方。要解决问题，最关键的一点：在不触及原则底线的事情上，放下固执己见的对错争执。比起坚信"我对你错",天翻地覆争一个输赢,出于爱的理解和包容最重要。毕竟,男人与女人的不同思维模式,注定两者在相处时会有分歧的存在。

"我和你在一起,不是为了让你纠正我的错误,而是不管我错得多离谱,你都会站在我这边保护我。"这段话虽然说得有点极端,但在亲密关系中,肯定和重视对方的感受,多站在对方的立场思考,恰恰是一种爱的表达。在爱的基础上适当做一点妥协,也是成本最小的沟通之道。

阿赫是一位公司的中层管理者,事业做得有声有色,是别人眼里的成功人士,可他却急需心理咨询师的帮助,"我的家庭生活很不堪,我结婚将近十年,妻子现在越来越爱埋怨,变得越来越任性和胡搅蛮缠,她不再像刚结婚时那样温柔、善解人意,现在简直就是一个怨妇,不可理喻……我开始觉得自己选错了人。"阿赫苦恼地倾诉。

"我想不通,她为什么会变成这样?以前她是个挺阳光的人,也很爱笑,待人接物特别得体。那时候,我们夫妻非常恩爱,相敬如宾,后来为了让她能够安心陪伴孩子,不必因工作问题劳神费力,就跟她商量了一下,让她在家做全职太太。她每天在家做做家务,照顾照顾孩子,其他事情都不用去做,想不通为什么她会一直抱怨?抱怨我一回家就躺在沙发上看电视,抱怨我什么家务活也不帮忙做,抱怨我对孩子的事情一点也不上心……她完全不考虑,我每天在外面奔波多累,如果我不挣钱家里吃什么喝什么?"

每天都是无休止的争论和冷战,阿赫向心理师诉苦的时候,几乎已经决定要离婚了。

心理咨询师问:"听你的述说,我能体会到你的感受。但我想再跟你深入探讨一下,你是怎样看待全职太太这一身份的?"

阿赫愣住了,有些愕然。他忽然意识到,自己刚刚说起妻子的现状时,对全职太太的理解就是在家洗洗涮涮、带孩子，其他什么都不用做。潜意识里，他并没有认同全职太太的价值。想到这里，他话锋一转，说道："其实，全职太太并不轻松，孩子病了饿了需要她，家里脏了乱了也需要她，家里大大小小的事都需要她管。"

心理咨询师点点头，说："听起来，你似乎有点儿能够体会妻子的感受了。"

阿赫叹了一口气，说："是。我一直指责老婆蛮横无理，是因为我在逃避和推卸这些家庭责任，从来都没有想过和她一起承担家里的问题，只觉得自己才是为家庭付出最多的人。这么想来，其实大家都不容易。"

心理咨询师说："如果今天咱们的谈话是有效的，你觉得回家见到妻子时，会跟往常有什么不一样？或者说，你会有什么样的变化？"

阿赫想了想，说："我想回去对她说话的态度好一点，帮她洗洗碗，让她感觉到这个家还很温暖，感受到我不是那个把家当成旅馆的人。"

一周以后，阿赫再次拜访心理师。

心理咨询师问："这个星期，你感觉怎么样？"

阿赫笑着说："上次我们谈话后，我回到家没有像往常一样冷漠，一进门就给了妻子一个拥抱，并询问她今天累不累。有些家务活，其实我并不会做，但在她做饭的时候，我帮着拿了碗筷；在她拖地的时候，我陪着孩子……"

"然后呢？"心理师询问。

"她一开始很吃惊，但看得出来，她的神情愉悦了不少，拖地的时候还对着我笑了，我仿佛突然看见了她过去的样子。"阿赫回答，"那天晚上我主动关了手机，和她聊了很久，我不再辩驳自己有多辛苦，而是感谢她对家庭的付出，并承认这段时间对她的关心太少。"

"这一周我们都过得很开心。"阿赫继续说道，"现在我下班后尽量早点回家，陪妻子一起照顾孩子，做做家务，有时上班也会给她打电话。虽然她偶尔还是会抱怨辛苦，这时我会点点头，伸出双臂搂搂她，听她诉说。奇怪的是，她说完之后，也就没那么沮丧了，还是该做什么就做什么，但我们之间的感情变得融洽了。"

所有争吵，都是源自"我希望你能改变"，但结果往往是两败俱伤。比起用自己的对错去控制对方，要求对方先做出改变，我们更应该学会的是与对方产生共情，体会对方的感受和需求，尽量从自身做出改变，才有可能真正解决问题。

亲密关系中的两个人，就像多米诺骨牌一样，一个人的态度改变了，另一个人也会改变。至于谁最先改变，那并不重要，重要的是，努力让改变发生。

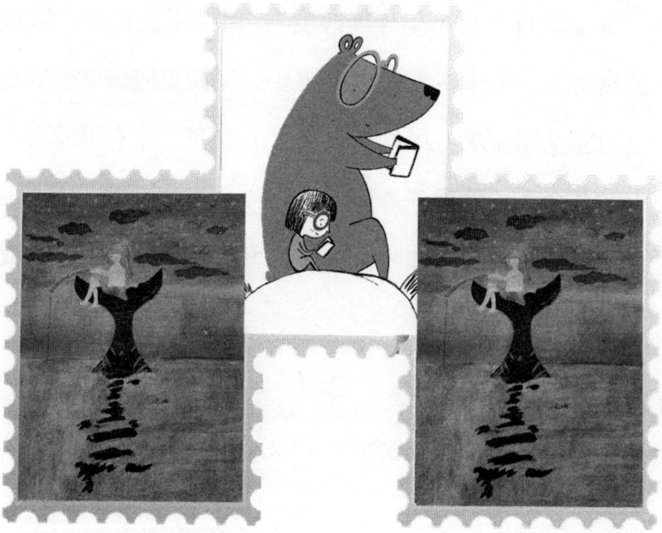

Part 4

**所谓沟通，七分情绪，
三分内容**

沟通的真正意义是疏通、拉近彼此的关系，言谈只是一种途径，情绪才是核心成分，因为我们的行为无时无刻不在受情绪的影响和驱动。与人沟通时，我们不仅要关注对方说了什么，更要把对方的情绪和感受作为交流的重点，这样对方才会感到精神放松，更愿意说出自己最真实的想法。

情绪失控是沟通的第一"杀手"

沟通不仅是语言的沟通,更是情绪的沟通。同样的一句话,为什么从不同的人嘴里说出来,就会产生不一样的效果?归根结底,是情绪在作祟。例如:"你这个傻瓜",这几个字,如果情绪激动一点,听起来就是骂人;如果情绪柔和一点,略带笑意,就像善意的调侃。

人与人之间的沟通,70%是情绪,30%才是内容。如果情绪没有掌控好,再有用的道理,再有用的信息,也无法得到顺畅的传达。

诚然,每个人都有情绪,或是高兴、愉快,或是伤心、愤怒。发泄情绪本身不是错,它是内在自我的一种平衡,可以缓解内心的压力。但需要注意的是,发泄情绪要讲究方式方法,放任情绪的宣泄,误伤到其他人,就会引发问题。很有可能,因为你随意乱发脾气,就把自己和他人都带入尴尬的境地。

陈茵是一家广告传媒公司的策划,她文采出众,创意十足,是个有真才实学的人。她心地善良、情感细腻,待人也很热心。按理说,这样的人在办公室应该很受欢迎。但现实的情况是，领导和同事们并不太喜欢她，她在公司里的职务也一直没有得到提升。

究其原因，大家都反映说，陈茵这个人太过喜怒无常。她高兴的时候，笑得很灿烂，和周围人能够愉快地聊天，氛围很融洽。但是很可能下一个瞬间，她就会变得很悲观，开始感叹人间不值得。有时候，她又会突然生气，对人爱理不理，过了一会儿等情绪恢复回来，继续与人笑语盈盈。

说起来，这样的性情还是蛮真实的，是什么样就是什么样，从来不掩饰自己。但是，喜怒无常的模式，实在让人摸不着头脑，周围人永远都找不到她的情绪点。

去年，部门有一个晋升名额，陈茵信心满满参加竞选，却遭遇零票的尴尬。

"她常常带着情绪沟通，既理不清，也讲不明。"

"她这个人情绪多变，沟通起来让人战战兢兢。"

……

人都有七情六欲，也会有各种情绪，情绪发生波动是很正常的现象。然而，在与人沟通的过程中，我们必须学会控制情绪，如果总让情绪主宰自己的喜怒哀乐，丧失理性，迷乱心智，不但影响自身的形象，也难以跟团队里的人相处，协作解决问题。即使你很有能力，处理不好情绪的问题，也是事倍功半。

如果你注意观察就会发现，许多成功人士都具有一个共同点，那就是时刻保持平和的情绪，你几乎看不到他们情绪失控的时候。即便是陷入坏情绪，被沮丧、愤怒甚至绝望所笼罩时，他们也不会因情绪问题丧失理智，影响到自己的言行与决策。

贺佳是一名销售人员，在一家生产首饰包装盒的公司工作。

有一次，在跟进一单生意时，贺佳与一家珠宝商基本已经把所有事情都谈妥，一切细节也都敲定，只要签完合同就没问题了。可没想到，这位客户却不知出于什么原因，在最后关头反悔了。客户给出的理由是，他们在店里又找到一批没用完的礼品盒，准备用完那批礼品盒后再重新购买。

尽管目前还没有正式签订合同，但之前商谈了那么久，双方明明已经达成共识，客户这样的行为无异于"出尔反尔"。贺佳心里有点生气，但考虑到长远的合作，她还是努力控制住了自己的情绪，心平气和地说道，"您那边情况我非常理解。咱们的合同可以延期签订，只是还想问问，您那边是否还有其他的顾虑？"

客户的表情有些不自然，躲躲闪闪的，犹豫了一会儿，最后透露说：最近有另外一家更便宜的装饰盒销售公司，正在与他们接洽。

听到客户的这一番话，贺佳的内心有点儿着急，她深呼吸了一口气，努力压下内心躁动的情绪，微笑着问客户："冒昧问一下，与你们接洽的是哪一家公司？"

客户如实告知。贺佳想了想，礼貌地解释道："这家公司的产品确实在价位上比我们公司要便宜一些。但您应该也看过样品，对比一下就会发现，我们在用料和做工上，会更加精细一些。"

客户点点头，说道："确实，但这毕竟只是包装，微小的差异也不是很重要。"

"当然，顾客购买的是商品，不是包装。"贺佳接着说道，"但我想，像贵公司这样追求品位的珠宝商，一定会非常注重每个细节吧？如果不能给商品配上相同档次的礼品盒，很可能会拉低贵公司的优越品质。如果只是因为小小的包装，就影响到贵公司珠宝在顾客心中的完美定位，那就不值得了，您说对吗？"

听到这里，客户想了想，赞同地点了点头。这时候，贺佳又跟客户聊了一些细节和品质的问题，随后拿出合同，向客户详解一些优惠条款。最终，客户顺利地签了单。

临近签订合同，客户却出尔反尔，遇到这种事情想必谁都会有情绪。如果贺佳当时任凭情绪发酵，也不顾及客户的感受，一气之下说出指责客户的话，结果会怎样？势必会激化客户的情绪，毕竟人家有选择的权利。如此一来，就把小麻烦变成了大麻烦，不但丢了眼前这一单，还可能彻底失去了这一客户，再无合作的可能。如果客户反过来投诉，贺佳的处境就变得更艰难了。

拿破仑曾经说过一句话："能控制好情绪的人，比常胜将军还伟大。"

沟通是互动的过程，而互动必然会受到双方气场、态度、情绪的影响。当你愤怒地与人交流时，别人感受到的是指责；而当你充满亲和力地与人沟通时，别人感受到的是被尊重、被欣赏。哪种方式更好，显而易见。

在一些特殊的处境下，如果你无法控制自身情绪，不妨先把谈话搁置一下。冷静下来后，分析事情的起因、经过和结果，想想自己说了什么，对方说了什么。而后，站在对方的角度去思考，想想他这么做的原因，想想这个事情对方是怎么理解的。这样分析过后，就可能会理解对方的苦衷。接下来，再找机会跟对方沟通，之前的许多不理解，都可以变得释然。特别是，当你能站在对方的立场，说出对方的感受时，他也可能会有全新的反思。

任何关系都害怕：一个不说，一个不问

诗人说，世界上最遥远的距离是——我站在你面前，你却不知道我爱你。

事实上，世界上最遥远的距离是——你不说，我也不问。

人与人之间，无论什么样的关系，都离不开沟通。你不说，我不问，彼此之间慢慢地就会产生隔阂，导致关系变冷。可能有人会说，不懂你的人无须解释，懂你的人不必解释。然而这是一种理想状态，真实的生活中，每个人都是独立的个体，思维各有不同，要做到时刻、事事都能理解和被理解，几乎不可能。

放眼望去，关系中大大小小的隔阂，往往都来自彼此沟通的障碍或是情意不通。

杨宏的父母感情不好，争吵了大半辈子。他厌烦了生活里没完没了的争吵，和热恋三年的女友约定：婚后无论发生什么事情，都要和平地解决问题，坚决不吵嘴。

婚后，夫妻两人真的做到了相敬如宾，万事商量来，客客气气过。即使

有时妻子做了让他生气的事，他也不会言语。他偶尔气不顺，可发现老婆情绪也不太对劲时，就果断躲避。

有一段时间，妻子像变了一个人似的，一整天都不说话，对杨宏不理不睬。杨宏很苦恼，也想不明白，但一直忍着。他觉得，争吵一次就会伤害对方一次，与其那样，倒不如不说话，这样就能避免打开争吵的口子。见杨宏总是无动于衷，妻子默默地哭了几次，也不再说什么。

就这样，两人之间的话越来越少。每天回到家，他们都更愿意面对自己的手机，仿佛对方就是透明的空气一样。看似各忙各的，互不打扰，实则冰冷无趣，陌生至极。

两年后，当旁人羡慕他们恩爱时，他们悄无声息地离婚了。至此，杨宏的内心产生了一个更大的谜团：有些夫妻经常拌嘴，可还能维系着婚姻，为什么像自己这样不争不吵的感情，却分道扬镳了？

其实，这正是沟通的意义所在。人与人之间为什么要进行沟通？因为如果没有沟通，人和人之间就会没有联系，没有联系就没有感情，心和心之间就有了距离。如果一个不问，一个不说，连倾诉的欲望和倾听的欲望都没有，再投缘的人也会丧失交集，再深的感情也会逐渐丧失支点。

情感剧中经常出现这样的情节：男女主人公彼此相爱，却因为某些误会而错过。其中不乏这样的类型：一个不问，以为对方想说自然会说；一个不说，以为对方会懂得自己。谁都在等着对方主动，可对方又不是你，哪能知晓你在想什么。一个懒得猜，一个堵着气，这样的感情怎么能持续下去？

就以杨宏夫妇之间的问题为例，妻子突然间的"不可理喻"，根本不是"莫名其妙"，而是有原因的。那天晚上，杨宏回家很晚，浑身酒气，还夹杂着一点香水味。这让她充满疑问，也有点恼火，当时特别想发脾气。可是，一想到杨宏从来都没有跟自己争吵过，又担心这样发脾气显得自己很多疑、很小气，于是就忍住了，也没有问杨宏是怎么回事，就憋着一股气，等他自己开口。

可杨宏呢？不但没有主动开口说明晚归的缘由，表现得像没事儿人一样，以为妻子都懂。结果，让妻子更加生气，于是开始了单方面的冷战。杨宏见妻子心情不好，也选择了消极的处理方式。这让妻子更加不开心，为什么明明看出了自己不开心，他还故作淡定呢？迟迟得不到对方的回应之后，两人就开始了长时间的冷战。

真实的情况是，那天下班之后办公室聚餐，一位年纪略大的女性领导喝醉了，杨宏和一位同事一起将她送了回去，在这个过程中沾染了一些香水味道。

"你当时为什么不说？"已是前妻的她追问。

杨宏无奈地回答："你都没有问，我怎么回答，我不知道你这么在意这件事情。后来看到你那样的态度，更觉得莫名其妙。"

一场误会，让两个相爱的人渐渐走散。

你不问，我不说；你不语，我无言。这是最具毁灭性的沟通方式，各种各样的问题，许许多多的误会，及时进行有效沟通，都是可以解决的。不管是怀疑还是怨气，我来提问题，你来解疑惑。只有沟通，彼此的想法才能相互传递；只有沟通，彼此之间才能达成谅解；只有沟通，误会才能及时得以解决。

寇淳和周贤曾是搭档，共同负责过一个重要项目。

周贤这个人能力很强，态度也认真，只是不怎么爱说话，总喜欢闷着头做事。在性格方面，他也有点"老顽固"，对某些带有风险性的事务，往往会采取保守方案，不敢大胆尝试。相比之下，寇淳则比较喜欢尝试新鲜，挑战风险。

两个性格不同的人互为搭档，起初都觉得对方是故意和自己作对，于是彼此之间产生了敌对情绪，能少联系就少联系。对此问题，他们只是听之任之，没有做出扭转的努力。结果，因为彼此之间缺少交流，明明是预期很好的项目，由于彼此认知上的不同，理解上的分歧，导致项目过程中的许多环节无法有机衔接，严重影响了项目的进行。

为了及时挽回局面，寇淳和周贤做了很深入的交流，并且约定——有事情讲出来、有疑问问出来、有要求提出来，并将之视为日常性的必要沟通。之后，两人遇到事情时都会冷静下来，积极主动地沟通，心平气和地商量，渐渐地寇淳认识到周贤保守中沉稳的一面，周贤也能理解寇淳果断做事的优势。在这个过程中，两人合作越来越默契，最终成为"好搭档"。

一个是两败俱伤，一个是圆满收场，相信谁都能比较出哪种沟通方式更好。

知道吗？在对方心里，你不问＝你不想知道，你不说＝你不想对我说。

如果你在意一个人，就要学着该说就说，才能给别人了解你的机会，把你的情绪表达得更加精准，才不容易让别人产生误会。

如果你关心一个人，就要学着该问就问，才能了解对方在想什么、在经历什么，才能深入参与对方的人生。

好关系就是，你始终在我心里，我总有话对你说。

好好说话是一种宝贵的"共情"

一言一语看似简单,其实暴露的却是一个人的心性与人品,这就是所谓的"言语即心声"。更准确地说,我们用说话表达自己的思想内涵,我们说出来的话,是什么内容,是哪种风格,直接反映着我们的心性与人品,而别人则会通过我们的话语来判定我们是一个什么样的人。

某一商场里,一对恋人正在购物。

男士不小心踩了女士一脚,女士杏眼圆瞪,大吼:"你要踩死我吗?"

听到这样的话,你觉得这是怎样一个女人?相信,大多数人会认为这个女人脾气暴躁。

如果女士娇嗔地说:"哎呀,你踩疼我了。"很明显这是一个会撒娇的可爱女人。

如果女士开玩笑说:"看来,你把我当垫脚石了。"这是个幽默的女人。

说到底,**说话不仅仅是发出声音,更是输出自身思想的工具。**

沟通有很多技巧,比如:与人沟通时要目视对方,鼓励对方继续他的话题;适当地把话语权交给对方,表示你对对方的在乎和重视;设置引人入胜的悬念,有效吸引别人的注意力……但这都是技术层面的东西，还有一个重要的内容不可忽视，那就是态度。

人与人之间的关系出现缝隙，往往是因为有些人总是想说什么就说什么，完全由着自己的性子，丝毫不考虑别人的感受和情绪。

李戈突然被公司辞退了。这个消息一传开，公司其他员工一点儿也不惊讶，其实李戈被辞退是迟早的事。因为上到部门领导，下到公司前台，和李戈的关系都不太好。

同事向李戈征求意见，他经常扔出一句："你问我我问谁呀？"继而引起争吵；有新员工向李戈请教问题，他一句："你没看到我在忙着吗？"吓得对方直吐舌头；李戈讲过的话，别人再追问，他会不耐烦地来一句"你听力是不是有问题？"

"跟李戈说话，能把人气到半死。"有同事直言。

大家心里似乎都埋下一个"种子"：李戈这人不好，我们要远离他。

上周公司接到一个重要项目，一连几天大家都是"连轴转"，难免有些身心疲累。这时，有位同事让李戈配合一项工作，李戈加班加烦了，说话语气比较冲："为什么是我做？天天晚上加班，你又不给我加班费。"

"这是领导安排的，我只是奉命行事。"同事解释道。

"这是领导安排给你的，你愿意做你就做。"李戈没好气地说。

其实，李戈只是发发牢骚而已，接下来该做的工作他还是做了。但是因为这种说话的态度，他不幸成为公司第一个被开除的人。

李戈错在哪里？错就错在他说话的方式，不管是从表达的内容，还是说话的语气都很难让人接受。他心里想着沟通，语调却阴阳怪气，不知道是沟通还是挑衅。嘴上喊着沟通，脾气却比谁都大，不知道是沟通还是吵架。

说到底，这就是一种不懂换位思考的自私。用这样的方式与人沟通，怎么可能与其他人建立融洽的关系？沟通是一种双向的交流活动，你对外界什么态度和情绪，最终对方都会一一反馈给你。你不好好对人，怎能得到别人的尊重？你一嘴的嘲讽，怎能获得别人的笑脸相迎？一个不懂得好好说话的人，不但会给别人带来烦恼和怨恨，而且，也会给自己带来不好的影响，甚至引来种种祸端。

几年前，发生过一起令人惋惜的新闻事件：

湖北武昌，23岁的胡某因口角纠纷，将面馆老板姚某砍死。

据围观人讲，事发原因是结账时的几句对话。

胡某问："怎么涨价了？"

姚某答："吃不起别吃！"

胡某盛怒之下抽出刀子把姚某砍死。

而这一切，原本是只要"好好说话"就可以避免的。如果姚某能够换一种口气说："不好意思，原材料涨价，房租涨价，面价也涨了，请您谅解。"多半这场灾难就不会发生了。

《非暴力沟通》一书中曾说过："也许我们并不认为自己的谈话方式是暴力的，但我们的语言确实常常引发自己和他人的痛苦。"

曾经看到过这样一段话：

18岁，不会好好地说情话，错过了一辈子最爱的女孩；

25岁，不会好好地表达自己，与心仪的工作失之交臂；

28岁，不会上下级间的沟通技巧，无法树立自己的职场影响力；

30岁，不会调解婆媳关系，家里老小缺少了一份和睦融洽；

……

好好说话，比什么都重要。

什么是好好说话？说起来很简单，就是能顾忌对方的感受，无论你的情绪如何，在沟通中保持平心静气，态度诚恳。我们都知道，同样的话，用不同的方式和语气表达出来，会给人不同的感觉。怎样表达更能让人接受，让人听着舒服，就是我们应该学习的事。

你说出口的是什么？

别人理解的是什么？

他人接受的又是什么？

好好说话并不需要刻意斟酌每句话，而是当你与他人沟通时，多考虑一下别人的心情和感受，以换位的角度说给自己听，这样才能理解自身的言行对别人的影响。自己听了不舒服的话，就不要说给别人听，这是一种宝贵的共情。反复练习就能大大改善言语不妥的问题，从而真正做出改变。

企业家高先生貌不惊人，才不出众，言语不多，却有着异乎寻常的吸引力，周围的朋友都喜欢和他聊天。更神奇的是，各个行业的顶尖人才都和他有所来往。

"你是不是有什么魔力？"有人开玩笑。

高先生回答："我的魔力就是把别人放在心上。"

不论谈话对象是谁，说话之前高先生都会站在对方的角度思考一番："这样的话会不会伤害对方？""自己是不是有资格说出这些话？""到底该怎么说效果才最好？"……然后，再选择更舒服的方式与对方交流，如此既能巧妙表达自己的想法，也不会当众给人难堪，还常常让人心生愉悦。

面对情绪激动的人，高先生更是秉承这种作风，无论是传达信息，还是表露观点，他都会保持一种稳定、平和的情绪，话语平和亲切，不焦虑，不急躁，神情总是舒展平和，很少有不耐烦的时候。令人印象深刻的是他常说的一句话："有什么事情不能坐下来心平气和地好好谈谈呢？"

跟高先生聊天是一种精神享受，他不但能通过正确的沟通方式把问题解决，对方还能因他的说话方式感到心平气舒，人们给予他的评价多是有涵养、优雅的

"绅士"。

你说的话，就是别人眼中的你。

一个懂得好好说话的人，深深知道把别人放在心上的重要性，无论做什么、说什么，他都会顾及对方的感受，懂得换位思考。话里行间传递给别人的，也是如沐春风般的温暖，而说话人的人生路也会越走越宽。说到底，我们最在乎的其实是别人对自己的态度。

话题"热",不如情绪"热"

在沟通过程中,每个人都渴望打开别人的心房,可是有些人明明口才出众、头脑聪慧,依然不得其法。越是想要打开对方的心锁,就越是不得其门而入。

之所以出现这种现象,关键在于情绪的表达不恰当。有些人说话时总是一个语调,脸上也没有什么表情,就像没有感情的机器人一样,这样的人总会让沉闷的情绪充斥在周围的空气里。与这样的人沟通时,我们丝毫感受不到交流的乐趣,即使对方苦口婆心,我们也不太愿意倾听。

吕良是一名专业理财师,他的理财能力很强,却很少有客户主动向他咨询,和他攀谈,他曾懊恼地说:"没有人愿意和我说话,我不确定自己是否适合这个职业。"

吕良经常告诫自己"人一定要理智",他很理性,情绪不外露,说起话来声音沉闷,总是一副不苟言笑的样子,而且无精打采,即使面对自己的客户也是一样。发现这一问题后,上司直言:"这是一种严重的错误,在你的话语中，别人感受不到丝毫的热情，你怎能奢望他人回报给你热情呢？"

这是一个重要的忠告，吕良决心改变自己。接下来，他开始有意识地调动自己的情绪，一见到客户就主动打招呼，同时语调爽朗厚重，充满热情。见此，上司拍拍吕良的肩头说："从这一刻开始，你是一名合格的理财指导师了。你的热情足可以感染到别人，我相信越来越多的人会接受你的。"

后来，吕良成为许多客户首选的理财师，人们甘愿被他那充满热情的语言感染。吕良的业绩节节攀升。对于这一切的改变，吕良觉得不可思议，但它确实发生了。

有效沟通的前提是情绪，当你条理清晰且充满热情地表达时，你的听众也会感同身受。因为**情绪是语言的温度**，带着热情的话语表示你对这次见面、这次交谈和这个人发自内心的喜欢。而这种发自内心的兴奋，可以迅速感染对方的情绪，促使谈话气氛变得轻松愉快，进而产生良好的"化学反应"。

试想，如果你和一个人沟通，不管说到什么，对方都面无表情，毫无情感波动，你觉得这场谈话有意思吗？你会敞开自己的心扉吗？而面对一个热情的人就不同了，充满热情的人说出的话语必定令人振奋。和这样的人谈话，你会不知不觉被同化，态度变得热情起来，行动变得积极起来。

无论在职场，还是生活中，我们每天与形形色色的人打交道，稍加观察就会发现，有的人"沉闷""木讷"，有的人则"热情""活泼"。每种性格都有独特之处，在这里我们无须评判哪一种人更好，但我们不得不承认：当一个人在言语方面表现出热情时，他人往往会给予更高的评价。

白洁和唐悦是同一家化妆品柜台的推销员，两人推销的都是同品牌的化妆品，而且身材样貌都很出色。按理说，白洁的工作经验更丰富，业绩应该更好一些。但连续几个月，尽管白洁每天努力地向顾客推销产品，有时候嘴皮子都快说破了，还免费向客户赠送小样，可业绩就是没有唐悦高。

这个问题产品经理也提出了几次，还时常拿两个人的业绩做对比，这让白洁心里很不是滋味。为什么会这样？她开始留心唐悦的一举一动。后来她发现，同样是与客户沟通，唐悦总会和客户热情地聊上几句。比如遇到年纪小的女孩，她会笑着问："你还上学吧？学习紧张不？"；遇到带孩子的妈妈，唐悦则会亲切地跟孩子打招呼，并真诚地对顾客说："你家宝宝真可爱，最近气候变冷，可得注意保暖……"

人和人的感情总是相通的，在沟通过程中，当你"热"起来的时候，也会感染对方，引发对方的情绪"热"起来。唐悦总是热情地问候每一个顾客，谁会不心生喜欢呢？更重要的是，她的热情并不是为了销售产品，而是发自内心的问候，顾客感动之余自然愿意和她打交道，照顾她的生意。

一个人无论多么成熟和理性，但仍然是一种感性动物。与他人沟通，我们不能只做陈述事实的讲话者，而要第一时间调动"听众"的情绪。当以饱满的热情和真实的情绪去面对别人时，你会发现自己的话语更富人情味、更具感染力和可信度，这时候要打开对方的心扉就不再是什么难事。

对事不对人更有效

在沟通过程中，很多人往往带着一些"评判"，这样就很难做到心平气和，多半会"对人不对事"，继而偏离主题，甚至混淆是非。所谓"对人不对事"，就是把人作为关注焦点，把对对方的否定意见引申到人身、人格、个性等层面，把个人情感因素或者对这个人的刻板印象、总体评价牵扯进来。

"教了多少遍都学不会，你是不是脑子不好使？"

"为什么你这个女人总是这样蛮不讲理？"

"就这么点小事你还斤斤计较，格局真低。"

……

在心理学中，我们知道人的一贯性、秉性往往会转换成自身做事的风格，而一个人做事的风格透露着他的价值观。反过来说，我们根据一个人的做事风格，往往可以反推回去，推断他是一个什么样的人。但是，把对一个人单方面的认识推广到对此人的人格评判方面，往往容易遭到对方攻击。

同事康柄与曹禺合作一个项目，康柄一向做事雷厉风行，且处理问题能力很强，而曹禺能力一般，做事情还比较磨蹭。两人分工负责不同的版块，眼看项目的截止日期就要到了，由于曹禺的耽搁迟迟无法交差。此时康柄耐不住性子，对曹禺说："做事情磨磨叽叽，你这个人真是懒到家了。"

一听到这番话，曹禺心情不爽地回道："你凭什么说我懒？我只是做事比较认真，追求稳扎稳打。你以为自己做事快就厉害吗？还记得之前的项目吗？你提供的好几个数据都不准确，你还好意思说我。"

在这里，康柄就犯了"对人不对事"的错误，通过客观的情境臆造主观联系，将曹禺做事拖延上升为做人懒散，这就把对问题的分析绑架在人身上，说严重点就是一种赤裸裸的人身攻击。结果激发了曹禺的反感情绪，否认问题并予以回应。催促没产生多大效果，反而工作效率更低。

印度哲学家克里希那穆提曾经说过一句话："不带评论的观察是人类智力的最高形式。"这句话的意思就是，**沟通要专注于事情本身，只讨论这件事是否合理、是否可行，而不能针对制造出这件事的人做出评判**。这种对事不对人的方法，才能实现心平气和的沟通，才是讨论问题的根本方法。

与"对人不对事"相对应的，是"对事不对人"，即不针对人，强调以"事"为中心，针对事件、围绕事情本身解决问题，没有偏袒、针对、歧视、侮辱，换了其他人也会采取同样的措施、说同样的话。

我们可以评判一个人的做事方式、工作态度、沟通技巧等，但千万不要上升到人身、人格、个性等层面，断定他们懒惰愚昧、一无是处等。在这里，不妨参考美国父母在教育儿女时的说辞，他们往往会说："他并不是淘气包，只是干了件淘气的事。""他是个好孩子，只是这件事做错了。"……

这就是对事不对人的核心：我们应关注的是行为本身，而非行为的当事人。

因为事情是客观存在的，而人往往具有主观色彩。针对人得出的结论往往由于带着个人情绪，很可能有失偏颇，也容易激发对方的情绪；而针对事情本身，由于跳出了情绪，分析得出的结论会更加客观准确。

比如，还是刚才的案例，如果康柄和曹禺如此沟通："眼看项目截止日期就到了，咱们现在的进度有些落后，你有什么好主意让咱们一起赶上进度吗？"当康柄主动关注事情本身时，相信曹禺的情绪不会激化，不会反过来攻击康柄，也不会否认自己的问题，而是努力完成手头的任务。

要真正做到对事不对人，我们需要做到两点。

第一，要分清事实。在明断是非的前提下，要作出客观判断，明察秋毫。了解事实，基于事实得出结论，说服力更强，一般也不会激化对方情绪，这样就会减少反驳，进而提升沟通质量。所以当你尝试对某个人的某个行为做出描述时，不妨先问问自己，我了解全部的事实吗？我所说的是事实吗？

第二，说话要客观。对事不对人的另一个关键是，说话要客观，不要用"你总是""你从来都是"等绝对化的词语为自己的语言加力，也不要为了强调内容故意提高自己的嗓门，加力之后的语言不容易被重视，因为听的人觉得夸大事实了。心平气和就事论事，并辅以佐证，条理清晰，自然服人。

弄懂以上两个原则，我们对遇到的大部分事情都能有个比较清醒的认知，而不是被无用的情绪所控制，如此也就不会在沟通过程中伤人伤己。

在伤口上撒盐是一种酷刑

与人沟通时，仅仅拥有好口才远远不够，更重要的是，你要像侦察兵一样察言观色，从对方的表情和神态看出其情绪的变化。只有准确掌握对方的情绪，我们才能判断对方是否对我们的谈话感兴趣，是深深被吸引，还是早已想要逃离？如果是前者，我们大可尽情地与之交谈，说出自己的想法；可如果是后者，那么我们就必须识时务地闭上嘴巴，否则即使你再能说会道，也无法达成良好的沟通效果。

这段时间，邱泽有些郁闷，他不仅因为工作失误挨了老板批评，炒股还赔了一大笔钱。周末，办公室的几个同事聚会，组长再三强调邱泽的情况，嘱咐聚会时少谈与工作和股票有关的事。吃饭时气氛还算融洽，大家谈谈最近的新闻事件，哪儿开了新餐厅，举办的足球赛等等，都是平时常聊的话题。

谁知几杯酒一下肚，其中一位同事杨楷忍不住开始夸夸其谈起来："我上周炒股赚了三千多，要我说，这炒股根本没有什么秘诀，完全是得益于天生的第六感！我的第六感还是比较可靠的，这几次每买必中呢！"说这话的时候，杨楷得意的神情简直有点忘乎所以，而邱泽却一直撇着嘴巴。

组长赶紧给杨楷使眼色，他却丝毫没有意识到不妥，还转过身继续和邱泽说，"下次，你就跟着我一起买，肯定没问题。"邱泽的脸色越发难看，闷着头喝了一杯酒。杨楷还在不停地说着，"有研究股市的那点心思，还不如踏踏实实地工作。以后我买什么，你就跟着买什么，多省心……"

接下来，杨楷又开始大谈自己刚成交的一笔大单，老板如何和颜悦色……邱泽在一旁坐着，低头不语，一会儿去趟卫生间，一会儿又说打个电话，最后干脆找个借口提前离开。

组长连忙追了出去，邱泽气恼地说道："还谈什么？杨楷一直在给我添堵。"

或许，杨楷是真心为邱泽着想，也是真心想帮助邱泽，可当他说那样一番话的时候，却没有看到邱泽的黯然神伤；当他炫耀自己的春风得意时，也没有顾及邱泽的"血本无归"。这些言语对于邱泽来说，无异于在伤口上撒盐，没有让他从中获得丝毫安慰和宽解，反倒给他心里添堵，自然产生怨恨。

这其实是一种人之常情，不妨换位思考一下：倘若你此时正经历着不顺的事情，却偏偏有人在你面前大谈红运当头，你的心情如何？你是会发自内心地羡慕对方，还是恨不得让他闭嘴？相信，在平时你或许会礼貌地应和一下，可一旦处于失意阶段，这些得意的话听起来就非常刺耳了。

这是因为，人在失意时情绪本来就低落，内心也比较敏感，比平日里更容易多心多疑。这个时候，如果有人秀自己的成绩和"优越感"时，就算对方是无心说的，这些话听来也是充满嘲讽和讥笑的，我们会误以为对方是在故意炫耀。带着这种负面的情绪沟通，结果只会是不欢而散。

沟通，必须注重换位思考，失意人前莫说得意之事。所谓共情，就是设身处地为别人想一想，在自己可控的范围内不给别人添堵罢了。与人沟通时，聪明人很少提及自己取得的成就，夸耀自己如何优秀能干。尤其是在失意人的面前，他们会有意识地回避跟对方失意有关的话题，更不说刺激对方的事。这并不是圆滑，而是他们知道，考虑对方的处境和感受，这样说出来的话才能让人舒服，省去不必要的误会和麻烦。

还有一种情况是，有时我们并不了解对方的遭遇，而有些人又善于"伪装"自己的情绪，喜怒不形于色，这时该如何选择话题呢？其实，即使一个人再善于隐藏，其表情和神态也能流露出其真实的情绪。

比如，当你谈到某一话题，对方的表情突然变得不自然或是凝重时，这就说明对方不喜欢这个话题，那么赶紧转移话题；当在交谈的过程中，对方不是皱眉就是左顾右盼，那么你就应该闭嘴，或是调整自己的说话方式，因为这些动作显然是对你所说的话不感兴趣的表现。

再比如，当对方的表情比较轻松自然，并且愿意用微笑、提问、倾听等积极态度回应你的问题时，说明对方的情绪比较愉悦，非常愿意和你谈话，并且对所谈论的话题非常感兴趣，这时你就可以将谈话深入下去。

越抱怨越怨，越诉苦越苦

说到不受欢迎的沟通方式，我们通常会想到好强显摆、尖酸刻薄等，擅长沟通的人也会有意避免这些。但即使这样，有人依然懊恼和别人的沟通为什么总是达不到效果，反而让对方产生反感和抵触心理，乃至关系出现裂痕？原因就在于，这些人没有觉察到自己在沟通中使用了隐藏的"语言暴力"。

这种隐藏的"语言暴力"就是负面话语，生活中有些人说起话来总带着抱怨和不满的口气，好像世上没有几件能让自己称心如意的事。

周末的早上筱筱早早起床，拿着一本读了一半的书细细品读。这样悠闲自在的生活，令她的内心宁静而愉悦。恰在此时，电话声响起。当看到来电是杜冉后，筱筱的好心情瞬间消失了大半。

杜冉就像一个深闺怨妇。整日埋怨男友不够温柔体贴，没有甜言蜜语；数落餐厅服务员不够热情，态度傲慢；抱怨同事在工作上没有积极配合她；吐槽上下班路上堵车严重……起初，筱筱还会想方设法地开导杜冉，但杜冉却理直气壮地辩驳："我不痛快，还不能说？"

这次，杜冉将"矛头"集中对准了男友。因为杜冉长期说一些挑剔抱怨的话，男友的情绪终于崩溃，刚刚和她提出分手。杜冉心中非常苦闷，一个劲儿地朝筱筱吐诉她的不幸，感慨"男人不可信""世上没有好男人"……结果，筱筱原本的好心情也跟着变得糟糕，敷衍几句便结束了这场对话。

电话那端的杜冉，心里也是很委屈："为什么大家都离我而去？"

一个人的内心一旦出现问题，直接结果就是衍生出情绪。情绪就像一面镜子，如果你给予它负面情绪，它也会给予你负面情绪。与人沟通中，如果你一直说负面情绪的话，不要指望对方一直对你笑脸相迎或是对你耐心劝慰，因为当对方的耐心用完后，等待你的将是对方的负面情绪。

回想一下，面对一个微笑的人你是什么反应？和这种人交流时你是什么感受？你的内心肯定是舒畅的，你会报以微笑，并且非常和善地和对方交流；而面对一个愁眉苦脸的人，一个总是牢骚不断的人，你又有什么反应？相信你的心情也会变得低落起来，甚至无端生出诸多愁绪。

沟通中的负面情绪通常是令人焦虑的、紧张的、愤怒的、沮丧的、痛苦的……没人愿意看你愁眉苦脸的模样，没人喜欢听那些充满负能量的话。所以，与人交流的时候，一定要站在别人的角度思考，细细斟酌将要说的话是否带有负面情绪，如果有，那么自觉地、及时地扭转不良情绪。

昌总是一家公司的老板，在他口中人们几乎没有听过负面词语。

"我们的项目遇到一些困难。"有员工担忧地说。

"所有困难都是一种挑战。"昌总笑着回答。

"这个问题有点复杂。"有员工无奈地说。

"任何时候方法总比问题多。"昌总笑着回答。

有一次，公司一行人去邻市考察一个重要项目，到了目的地，却因客户临时有事而被放了"鸽子"。大热天骄阳似火，昌总却一脸的淡定，从容地安慰大家，说："客户虽然放了我们'鸽子'，但这也是一个好机会，我们可以利用这个时间对周边环境做些考察，知己知彼才能百战不殆……"

前一秒还担心白忙活一场的同事，听到昌总的这番话立马振作精神，投入对周边环境的考察中。正因为提前做好了准备工作，第二天的项目谈判进展得非常顺利。试想，如果昌总当时没有控制好情绪，抱怨客户，抱怨天气，而不做任何准备工作，项目谈判还能顺利进行吗？团队的士气肯定低落，工作也会不在状态。

那么，怎样才能避免"语言暴力"的问题呢？这里有一些小的实用技巧。

将"你能力不差"改为"你能力很好"，前者虽然负负得正，意思也是好的，但听到的还是两个负面的字眼，而后者是个正面反馈，让人听了心情愉悦；

将"你听懂了吗"改成"我说清了吗"，前者是一种质问，让人听着别扭，后者显得温柔体贴，替人着想；

将"但是"改成"并且"，前者是一种转折和反驳，后者则是一种补充。同样是接话，这种互动会让双方都轻松自在；

将"忙到分身乏术"改成"最近工作充实"，前者在外人听来是一种濒临失控的抱怨，多少有点被压迫、不情愿的感觉，而后者的状态是积极开心的；

……

无论何时何地，同样的话语，同样的意思，正面的说法比负面的说法，更能营造一种和谐的对话氛围，使彼此之间增进了解，消除隔阂，达成共识。

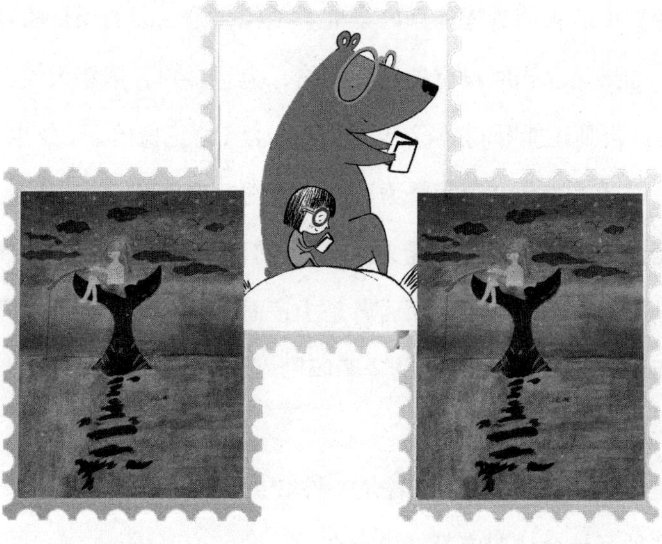

Part 5

**唯独有趣，能打败
所有的平淡无奇**

关于沟通，除了词汇之外，最重要的就是趣味。幽默的人有讲不完的笑话和趣事，往往三言两语就能活跃气氛，化解尴尬，消除矛盾，更能建立一种互有好感、彼此信赖的情感。当然，这里有一个必要前提，即掌握沟通对象的心理诉求，读懂他人的心理，将幽默的话说得恰到好处。

无趣的尬聊是一种折磨

面对陌生的人,很多人会有一种抵触心理,在沟通过程中常会感到浑身不自在,不知如何搭讪和打开局面。很多时候由于拘谨,导致说话方式过于生硬,给人留下不苟言笑的第一印象,甚至出现四目相对、局促无言的尴尬局面,使沟通难以进行下去。

这,就是俗称的"尬聊"。

在这种状态下,想要拉近彼此的心理距离异常艰难。然而,有些人在陌生人面前却可以谈笑风生,而且一开口就能逗人开心,使沟通气氛瞬间变得活跃,轻松攻破对方的心理防备,从而为良好的沟通打好基础。

林肯是美国历任总统中最具幽默感的一位,有一次他在白宫会见某国总统,由于两个人是第一次见面,气氛不免有些紧张凝重。

林肯个子特别高,又特别瘦,他见该国总统也是如此,便乐呵呵地说道:"想不到您个子比我还高,我们两个人站在一起,就像两根垂直竖起的炮管。

怎么样，当总统滋味如何？"

那位总统笑了，但仍然有些拘束，反问："您说呢？"

"我感觉天天像吃了火药，总想放炮！"林肯笑着回答。

那位总统大笑起来，猜忌和戒备之心顿时大减。

陌生人之间的交往是从零开始的，往往需要有意识地运用沟通技巧，而幽默正是打开局面、拉近距离的最好方式。关于沟通中的幽默，美国知名幽默杂志的主编雷格威曾说过这样一段话："原始人见面握手，是表示他们手上不带武器；现代人见面握手，是表示我欢迎你，并尊重你；而用幽默来代替握手，则是有力地表示我喜欢你，我们之间有着可以共享的乐趣，如此陌生人成为朋友只需1分钟。"

幽默为何具有这样的魔力？因为笑是人体对危险解除的生理反应。

通常来说，人与人之间第一次见面，大脑出于生物本能会提醒我们处于警戒状态，相当于两个人保持着默认敌对的态度。这时候，一旦一方以幽默的方式试图建立交流，在短暂的时间内让对方见识到自己的幽默、宽容、友善，带给对方一种心理上的轻松和快慰，另一方就会解除警戒状态，内心的潜台词就是"哇，这个人没有危险了。"于是，彼此就可以进入相对轻松的状态。

与一个人初次交流时，通常最初几秒形成的印象是最强烈的，而且影响深远。因此，开场的几秒是我们尽情展现自我的关键时刻，而依据"人际关系吸引理论"，人们潜意识中会喜欢和自己拥有相似态度或价值的人。因此，两个人若能为同一件事开怀大笑，就是增进关系的关键所在。

和陌生人要电话号码，无趣的人会直接问："我可以留你的电话吗？"出于本能的自我保护意识，几乎没人会给陌生人留电话。即使你声称"我真的很想认识你"，对方也会有所迟疑，辩解的理由不外乎"不好意思，不方便""下次再说"……这样的辩解几乎就是搭讪的终结语。

如果换成幽默的方式会如何呢？"特别想认识你一下，我脸皮一厚就来了……"如果对方存有戒备心，还可以这么回应："当然不能随便给人留电话，不过我不是坏人，就留这一次，下不为例吧……"虽然这样的请求不一定100%成功，却可以让沟通变得生动有趣，增强对方对你的好感度。

一个男孩和心仪的女孩约会，结果因堵车迟到半小时，赶到时他连忙道歉。

女孩很生气，撇撇嘴："我整整等了你三十分钟。"

"别生气，我倒是等了30年才等到了你。"男孩说道。

听到这句话，女孩脸上的怒气消减了好多。只是两个人第一次见面，女孩又有些矜持，不知道该说什么好。

气氛有些尴尬，这时男孩笑着说道："你怎么干坐着？要是被绑架了你就眨眨眼。"

女孩愣了一下才反应过来，礼貌性地笑了一下。

"我看你条件不错，为什么一直没对象？"男孩追问。

"以前忙学业，忙工作，不知不觉就耽搁了。"女孩一本正经地回答，"那你呢？"

男孩一句"熟人不好下手，生人不好开口"，让女孩笑出了声。

……

整个约会过程气氛融洽，大家都很轻松。

"今天和你聊天真愉快，但我觉得自己会失眠。"分别时，男孩耸耸肩说道。

"为什么？"女孩不解地追问。

"每一次深入的交流，都好比一杯提神的黑咖啡，会让我难以入睡。"

经男孩这么一说，女孩的脸顿时红了，却也不由得笑了。

这次约会为什么成功？就在于男孩的语言幽默风趣，创造了良好的聊天氛围，让女孩感到轻松快乐，在女孩内心留下了好印象。

人与人之间的沟通，贵在心灵上的交流，而幽默就是让彼此产生心灵共鸣的好方法，**毕竟幽默的语言富有风趣，能给人以亲切友善之感，更容易被人所接受。**

要幽默不要尬聊，并非不顾他人感受，硬要和人说话，而是要时刻考察对方对你的反应，并做出积极的应对。如果对方态度积极，就可以一直聊下去。若是对方一直回答冷淡、爱搭不理，则要适时打住。要知道，你有搭讪的自由，别人也有接受或者拒绝的自由，这是一个自由的双向选择。如果避免尬聊还需要一个注解的话，那就是——把舒服让给别人，把尴尬留给自己。

幽默的人为什么就是"万人迷"

深受欢迎的人通常具有一个共性——幽默。

生活中幽默的人走到哪里都不会让人讨厌,因为他们就是气氛的"调节器",可以将痛苦转化为欢乐,将烦闷转化为欢畅,从容面对各种纷杂的场合。在人际交往中,和擅长幽默的人在一起,场面不仅不会尴尬,而且会充满欢声笑语。

这正是幽默的意义所在,幽默是一种提升他人与自己相处时愉悦程度的能力。我们都喜欢轻松愉悦的沟通氛围,也都喜欢能给自己带来快乐的朋友,在沟通中幽默的语言如同"润滑剂",可有效降低人际间的摩擦系数,化解冲突和矛盾,然后通过营造欢声笑语,实现人与人之间的和谐。

几个要好的大学同学一起聚餐,孙亚一直侃侃而谈自己的高中生活,并不时调侃理想与现实的落差,"小时候我常常纠结自己的梦想,究竟是上清华,还是上北大。后来才知道,是我想多了。不过幸好我也算努力了一把,否则后来我只能上'家里蹲'大学,也就没机会认识在座的各位……"

气氛其乐融融，大家都很欢乐。这时同学黄霖打断孙亚的话，"你说话就像机关枪一样，我看要是给你一个剧本，你能说一出单口相声。"

这句幽默的话语把大家都逗乐了，急性子的孙亚发现被抢了风头，急中生智来了一句："对不起，说话要排队，请不要中间插队，好吗？"

大家听得捧腹大笑，黄霖耸耸肩："那好，今天如果你买单，没人会跟你抢的。"

"你们抢不过我的，趁早放弃挣扎就对了。"孙亚笑着回击。

幽默的人，往往三言两语就能使人忍俊不禁。在一来一合的互动幽默中，孙亚和黄霖不仅让沟通气氛变得快乐融洽，感染了在场的每一个人，而且在这样层层幽默的推进下，充分展现了自身的非凡魅力，也加深了彼此的感情，显得志同道合——这，正是幽默能改善人际关系的魅力所在。

幽默的本质是什么？说白了，是一种积极的心理状态。一个人一旦拥有积极乐观的心态，思维就能处于高度活跃的状态，也能进行丰富的联想，很容易说出机智幽默的语言。用幽默的心态对待生活，即使暂时处于穷困、失意等逆境，也可淡化消极情绪，消除沮丧与痛苦。

查理·卓别林曾说："真诚地去笑吧，你将能够去除痛苦，并与痛苦嬉戏。"

当代社会处处存在压力，如果一个人能对以前的不快记忆或者当前的痛苦事件，以幽默处理，让自身的压力得到很好的释放，周围的环境必然也会变得轻松愉快，因此幽默的人招人喜欢是显而易见的事。

同时，以幽默的态度面对一切，也是不断提升自我心理承受力和意志力的重要过程，也是对他人的一种精神"贿赂"。因为在我们的大脑皮层有一个"快乐中枢"，一旦接收到幽默语言的刺激，"快乐中枢"便会进入兴奋状态，改善体内循环，提高免疫力，进而改善精神状态，消减生理疲劳等。

幽默虽然与人内在的秉性有关，但并非与生俱来的天赋，我们完全可以通过后天培养获得。比如，对事物持乐观态度，对人对事豁达大度，给人们提供某种关怀、情感和温暖，用微笑来化解紧张的情绪和气氛，让人们认识到你幽默可亲的一面，如此便能以更好的状态去影响更多的人。

用幽默的方式表达你的看法

在人际交往中,很大比例的冲突、争论和事端,源自沟通不到位。每个人都有自己的想法,沟通中难免出现分歧和矛盾。此时,有些人要么直截了当地说明自己的观点,要么避免正面交锋顾左右而言他。这些做法看似明智,却不利于问题的解决,反而会使问题变得更加复杂化。

出于对音乐的共同爱好,方言和徐政组建了一支乐队。方言自幼天赋异禀,上初中时就已经能够把吉他弹奏得非常娴熟。他很喜欢、很重视这项技能,谱曲的时候常以炫耀技巧为主。然而,这个问题却让徐政非常头疼,在他看来,一味地追逐技巧所弹出的曲子是缺乏感情的,很难真正打动人。

"我们的音乐主打清新校园风,打感情牌才有市场。"徐政提出自己的意见。

"我们不缺情怀,缺的是专业性。"方言不以为然。

"技能早晚都可以展示,但是我们尚未打开市场,也并非专业乐队,越炫技越容易暴露不足……"徐政讲了一番道理,规劝道,"如果你不听我的,以后肯定后悔莫及。"

听到这话，方言不满地质问："即使演奏技巧不是全部，但总是非常重要的。你一再劝我不要专注在技巧上，是不是担心我抢你的风头？"

苦口婆心却不被理解，徐政内心充满失落感，他不想和方言起冲突，选择了默不作声。

由于两个人的音乐理念不同，又不能很好地沟通，无法理解对方的意图，创作过程一直不顺利，没多久乐队宣告解散。

表达自己的想法时，许多人习惯板起面孔严肃地说教、提意见、摆事实、讲道理，然而一针见血的真心话，却往往不被别人领会，即使对方领会了可能也会故意装糊涂。因为人都有一种逆反心理，这是一种消极的抵抗心理。你越不让他那样做，他偏要那样做，如此势必影响到沟通效果。

我们要明白，任何沟通归根结底都是以解决问题为导向的。清楚坚定地表达自己的观点很有必要，但同时也要善于用轻松的方式解决严肃的问题。也就是说，**想要表达自己的观点时，不妨撇开严肃的态度，采取风趣幽默的语言方式**。幽默是一种语言表述方式，融技巧性和轻松感于一体，既能充分表达自己的想法，又具有易为人所接受的感化作用。如此，接下来的沟通就能顺利进行下去，最终实现双方感情的通畅及观点的一致。

某公司进行年度工作总结时，销售部经理制定了第二年的销售额度，顿时整个部门一片哀号。因为按照往年的数据显示，销售额度一直保持在500万元之内，但这次经理制定的目标是650万元。再具体落实到员工个人，此次任务要求销售部门的每位员工每月至少达成10000元的销售任务。

看到大家都有所质疑，经理说了这样一番话："对于销售任务究竟定多少，我认为我们应该确定一个原则：既不能难度太小轻轻松松就能完成，也不能难度太大拼了命也完成不了。这就像摘苹果一样，坐着或者站着就能摘到的苹果，并不是最满意的；踮着脚尖或者跳起来摘到的才是最满意的。

"其实，我们每个人的潜力都是无限的，也是可以逼出来的。"经理继续解释道，"想象一下，面前有一条两米多宽的沟壑，而此刻你们后面有一条疯狗在追，你们恐怕一下子就能跳过去。现在你们说650万的销售额度完不成，如果后面有条疯狗在追，你们能完成吗？而我现在就是这只疯狗！"

有人情不自禁笑出声来，说道："哪能这样说呢？经理，您不是疯狗！"

"我是说，假如我就是疯狗，你们能完成任务吗？"经理强调道。

事实证明，这个政策是相当成功的，销售经理既没有给员工留下话柄，更没有让员工的积极性受到打击，可以说是一种双赢。

幽默的语言能避免正面的冲突，很多时候是解决问题的最好手段。当对某件事情有不同观点时，如果直截了当地表达出来，这并不能显示你有什么过人之处；如果你能把幽默融入表达之中，机智地提出自己的意见、想法等，使对方感到被尊重、被理解，给人一种友好的感觉，让对方在不知不觉中接受并积极配合你，这才说明你的沟通力高人一筹。

拿自己"开涮",别样的"搞笑"幽默

在社交生活中,即使一个人幽默风趣、妙语连珠,也不可能使所有人都对自己敞开心扉。而且,当我们和别人存在心理隔阂时,一旦掌握不好幽默的分寸,就可能会引起对方的不愉快,甚至会得罪人。

这种情况下,拿自己"开涮"是最保险的方法。拿自己"开涮"说白了就是一种自嘲,即自己嘲讽自己。自嘲的形式无非就是以下两种:一是嘲笑自己的短处和不足;一是嘲笑自己的失误。也就是说,不遮掩自己的丑处、羞处、蠢事等,而是运用夸张、开玩笑的方式巧妙地说出来。

有些人担心自嘲会有损自身形象,其实大可不必。相反,这样的人还相当受欢迎。如今社交网络发达,很多人喜欢在网上晒自己做的"暗黑料理",或是分享自己所做的脑子短路的事情,如衣服前后穿反了一整天,往牙刷上挤了洁面乳刷牙等。对于这种"笨拙"的行为,大多数人不仅不会嘲笑和反感,反而会觉得对方很可爱、很真诚,富有人情味,更愿意和他们沟通。

在心理学上,这是一种"出丑效应",意指表现平庸的人固然不会受人倾慕,

而全然没有缺点的人也未必讨人喜欢。最讨人喜欢的往往是精明而带有小缺点的人，无意中犯点小错误，不仅瑕不掩瑜，反而更使人觉得他具有和别人一样会犯错的缺点，大大增加了亲切感，更加惹人喜欢。

为什么会出现这样的状况？因为每个人都有戒备心理，在沟通中会保持一定的警惕性，时刻提防着被别人伤害，这是一种合理有效的自我保护机制，但也会阻碍沟通的深入进行。**适当地展现自己的不足，等于对别人卸下防御，去掉伪装。**你越是真实透明，与你交心的人，也会变得越来越多。

阿耿是一家公司的实习生，初涉职场，一开始他对工作细节不够熟悉，经常向其他同事请教，有时一个问题要再三确定。这时阿耿总会加一句："不好意思，我这个人反射弧比较长，理解速度可能有点慢，希望你们不要嫌我笨。"经过他这么自嘲式的"自我检讨"，大家反而更能包容他了。

在朋友圈里，阿耿每天的运动步数总是排名前列。有人称赞阿耿每天坚持运动有毅力，他却自嘲道："你们发现了吗？我这个人虽然个子不矮，但是腿短。一走路，频率相对比普通人高，所以步数才多。"

许多新人总是小心翼翼维护自身形象，而阿耿却在大大方方地"自黑"。比起一本正经维护自身完美的形象，这样的他更容易让人产生亲切感。

俗话说"家丑不可外扬"，人人都喜欢被赞美，不喜欢被嘲讽。拿自己"开涮"需要将矛头指向自己，直面自己的缺点，坦承自己的不足，一个人如果没有豁达、乐观、超脱的心态和胸怀是做不到的，所以自嘲又被认为是一种高层次的幽默手法，是只有聪明人才能驾驭的沟通艺术。

在平常生活中，我们每个人难免会被人嘲笑，如外貌的缺陷、自身的缺点、言行的失误等，此时此刻内心肯定会不好受或者怒火燃烧。这时，如果一味地辩解或发怒，只会引来更大更深的嘲笑，相反，当你对影响自身形象的种种不足之处大胆巧妙地加以自嘲，反而能自找台阶保住面子。

有一位地方台的主持人长得并不帅，还有点胖，眼睛特别的小，经常被人说颜值低。面对别人对自己的攻击，他干脆开启了"自黑"模式。

在一场节目比赛中，一名女选手被淘汰出局，她的神情看上去很痛苦，但是在全场观众面前，她强忍着不让自己的眼泪流出来。

这时主持人说道："不要忍着，哭出来吧。憋着容易把眼睛憋小，我从小就刚强，有眼泪就憋着，所以就把眼睛慢慢憋小了。"此话一出全场沸腾，连那位女选手都被逗笑了。

在个人网站上，该主持人经常发一些自拍照，而且总是拿自己的眼睛调侃。"圆脸上长着一双小眼睛，看上去像不像一颗卤蛋？""有没有带放大功能的眼镜？求推荐，这样我的眼睛就能看着大一点"……很明显，这种自嘲不仅弱化了自己的负面形象，还让别人见识到自己的幽默智慧。

归根结底，弱点之所以是弱点，往往是因为我们太把它当一回事。如果我们自己能豁达地谈笑自若，自然没有人能拿我们不在乎的东西伤害我们。正如泰戈尔在《园丁集》里所说："我把我的痛苦说得轻松、可笑，因为怕你会这样做。我粗暴对待我的痛苦，这样你便不会发现我的弱点。"

作为最高境界的幽默，自嘲引人发笑的成分不少，让人起敬的成分更多。有一条不成文的语言艺术还说，能笑自己的人才有权利开别人的玩笑。

切记，自嘲和嘲笑有本质区别。就像《疯狂动物城》里朱迪警官说的"只有兔子才能管兔子叫作小可爱，其他动物不行"，有些话可以拿来自嘲，但绝对不能嘲笑别人。

让尴尬在笑声中画上"休止符"

尴尬场面的出现,往往就是刹那间的事。可能是别人一时失言而得罪了你,也可能是你言语不当激怒了别人。此时如果不能积极地做出应对,恐怕会让场面变得更加尴尬,甚至有损自身面子和尊严。如果彼此生硬地反驳,又可能撕破了脸,甚至引发一系列负面连锁反应。

谁都害怕深陷窘境,越严酷的客观情境越需要我们做出超常的发挥,力挽狂澜。要做到这一点恰恰需要冷静,需要智慧,使自己的精神处于一种自由的、活跃的状态,寻找一切可以突破的因素,产生机智而又幽默的趣言妙语,进而让当事人走出困境,让气氛重归和谐。

一所大学里正在举办一场篮球比赛,赛前队员们都在摩拳擦掌地准备着。徐斌觉得有点热,就把外套脱下来,放在旁边一件衣服上。

队友刘岩恼火地拿起徐斌的衣服扔到旁边:"为什么把你衣服放在我衣服上?"

其实，徐斌意识到自己的做法有失妥当，但被人当面这么指责又觉得很没面子，于是一把揽住刘岩的胳膊："不放就不放，你好好说，为什么扔我衣服？"

"你不放我会扔？"刘岩质问。

气氛立刻紧张起来，其他同学们纷纷劝说："大家平时玩得挺好，为这点小事不值得。""别吵了，有什么事情，比赛完再说。"

两个人性子都好强，谁也不肯让步，还开始动手拉扯。

这时班长看到了，马上跑过来说："你俩这是在给对方做热身运动，好提前进入比赛状态吧！看你俩这么团结一致，咱们班今天肯定会赢！"班长仅用三言两语就缓解了紧张气氛，转移了徐斌和刘岩的注意力，两人顿时抛开衣服的事情，认认真真去做赛前准备活动了。

幽默的语言具有神奇的力量，能使难题化解于无形，有效降低人们之间的摩擦和冲突，堪称人际关系的"润滑剂"。这并不仅仅是一种高级的说话之道，更是一种换位思考的智慧、与人为善的素养。这也提醒我们，**沟通时要控制自己的情绪，无论出现什么情况，即使出现冲突和争执，只要保持足够的冷静和智慧，把话语变得诙谐有趣一些，往往就可以让对方笑着"熄火"，使自己不失态，使对方不失面。**

杜佰是某机械工厂的代理商之一。这天，他应邀参加厂家组织的周年庆活动。活动现场，厂家对代理商的支持给予充分肯定和感谢，并评选出五大优秀代理商，其中就包括杜佰。

和杜佰相邻而坐的老珂不免有些失落，抱怨道："我和厂家合作三年，一次优秀合作商也没评上，真是的……"

其实，老珂的话语未免有些失允，因为厂家是按照销售业绩的高低排序进行评选的。老珂没有选上优秀代理，自然是销售业绩不靠前。可就这样直说，显然会让老珂尴尬。

杜佰想了一下，然后接话道："我相信你的能力和实力，只是这就像怀孕一样需要耐心，时间久了总会让人看出来。"杜佰这句有趣的调侃话，令老珂的脸色由阴变晴。

领奖环节到了，在迈上舞台的一刹那，杜佰因为紧张竟然一个趔趄摔倒了。这种事情在以往的年会上从未发生过，就连主持人都有些不知所措，气氛变得尴尬起来。

众目睽睽之下，杜佰慢慢爬起来，他从主持人手中拿起话筒，面不改色地说了这样一番话："大家好，知道我为什么会摔倒吗？因为刚刚我没有'脚踏实地'。做事业要脚踏实地、一步一个脚印，否则很容易'失足'的！未来的日子，我将更加踏实地做人做事，为这份事业奋斗终生。"一席话引得台下无数掌声，现场的气氛又调动了起来。

用幽默化解自己的尴尬，可以感染别人、让别人为你的睿智倾倒；用幽默化解别人的尴尬，能让别人感激你、佩服你，让人际关系更加融洽。

正如一句话所说："智者善于替人解围，愚者逸事避而远之。"这句话的意思是聪明的人在别人需要的时候，常会不失时机地为人解围，从而赢得更多的友谊；而那些愚蠢的人对与自己无关的事避而远之，以为闲事不如不管，落得清闲自在，结果却往往让自己陷入孤立无援的境地之中。

在办公室中，遇到领导无心的过失，不要等着看笑话，快速帮助领导从僵局和尴尬中走出来，职场之路才会更为顺畅；朋友聚会中，遇到喝多的朋友胡言乱语，不要火上浇油，灵活应变地打圆场，让大家从紧张的气氛中走出来，化尴尬为自然；与家人相处的时候，遇到家庭成员负气放狠话时，要用善意和理解的心境为他巧妙解释，家和才能万事兴。

人心都是相互的，感情都是共通的。你若考虑我的处境，那么，我定会把你放心上，这是人际场合的重要法则。当你善于运用幽默调解纠纷、化解矛盾、避免尴尬、打破僵局，打造你好我好大家好的局面，必将提升自身人缘魅力，获得更多的赏识和信任，令每一场沟通都以和气收场。

当然，这不是毫无节制地讲笑话，不是不着边际的奉承，也不是油腔滑调的诡辩，而是在特定的场合中察言观色，从一种善意的、理解的角度，找出尴尬者陷入僵局的原因，然后向好的方面联想，或者做出有利于局势好转的理解，进而一步步将局面朝有利方向引导。

幽默是一剂良药，既治病又不苦口

人在情绪激动时，往往难以做出理性判断，这也是为什么很多人在矛盾冲突中容易失去理智，做出过激行为的原因所在。我们常常有这样的经历，当情绪糟糕时别人一触碰就"点火"，有些人表现在语言上，有些人表现在表情上，有些人表现在肢体上。无论哪一种，都不利于沟通的进行。

批评更是如此，批评的语言具有一定的否定性。当别人犯了错正在气头上时，如果我们说些令人不悦或者难以接受的话，不仅无法起到正面的教育意义，还极易造成对方心理上的排斥感，激发对方的逆反心理，甚至比不作为更糟糕。无论以后如何弥补，这种心理上的伤害永远存在。

也许你信奉"良药苦口利于病，忠言逆耳利于行"，认定批评犹如"良药"，是为他人着想。这听起来很有道理，但是人人都希望得到他人的肯定与认同，即使出现错误，也希望得到同情和理解。因此，大多数人犯错之后第一反应都是狡辩和解释，很少有人能自觉及时地自我批评和反省。

历史上有很多因直谏而名留青史的臣子，当君王的决策或者做法出现问题时，他们所说的话往往都与君王相左。在当时的情况下，如果那些大臣不动脑筋，只是一味地指责和批评，估计在"君叫臣死，臣不得不死"的封建年代，他们早已因触犯龙颜被杀，毕竟君王的逆鳞没有那么好碰。

"人非圣贤，孰能无过。"既然人人都会犯错，那么在指出别人的错误时就需要斟酌自己的语言。懂得换位思考的人从来不会用情绪去沟通，而是将自己的情绪控制住，将"难听"的话"包装"后再说出口。这时，幽默就会变得很好用，它是一剂"良药"，既能治病又不苦口。

邓恺是一位凭能力从底层慢慢晋升上来的经理，他最了解下属们的心境，也知道如何与下属们处好关系。就在邓恺上任的第一天，某部门主管就因为前一天晚上喝酒，导致早上上班迟到，上午十点才到办公室。虽然这位主管是为了陪一位重要客户，但因酒误事却是员工的大忌。

见被邓恺撞个正着，主管赶紧解释说："经理，昨晚与客户喝得太多了，我估计那个单子差不多拿下了，放心吧。"邓恺领会了这一番话的言下之意——"我今天迟到是因为昨晚陪客户喝酒了，所以值得原谅，反正我的单子已经拿下了，你不能说什么。"

然而，邓恺也明白，迟到的风气不能助长，如果今天让这件事蒙混过去，那以后可能就会出现更多这样的现象，人人都可以找各种理由不遵守规章制度。于是，邓恺听完主管的解释后，笑着用一种轻松的口吻问道："你这酒喝得有价值！你平时的酒量怎么样？"

主管先是一愣，接着看邓恺的表情，以为这位新上司也爱喝酒，于是乐呵呵回答道："还行，能喝点，一次也就一斤左右吧。"

邓恺说："你挺厉害！那你今晚家里有事吗？或者有酒局吗？"

主管以为邓恺要约他喝上一杯，赶忙说："没有，今晚什么事也没有。"

邓恺笑着提醒道："那就好！今天晚上早点睡觉，明天别再迟到了。以后你也要少喝酒，你可是公司的柱子，底下一大片人都得你罩着呢。"

主管又愣了一下，随后明白了邓恺的意思，不好意思地挠了挠头。从这以后，他再也没有因为喝酒的事情而迟到。

邓恺是一位深谙沟通艺术的领导，他用这种半开玩笑的幽默方式委婉地批评了主管的失职，却丝毫没有伤害对方的面子，对方自然乐于接受。

每个人都有自尊心和荣誉感，有的人之所以不愿接受批评，正是由于担心有损自己的自尊心和荣誉感。而幽默的批评大多为间接性的，能营造一种轻松融洽的氛围，也能让人获得情感上的滋润，使批评本身所具有的敌对性得到消解，从而引起对方对批评内容的注意、认可及接受。

人的心理就是这样，如果你总是揪住别人的错误不放，那这个错误就会成为一根荆棘深深扎在你们之间；但如果你给予别人充分的谅解，并用幽默的方式委婉提出意见，那么这个错误很可能就会渐渐消失。

周恩来总理到云南西双版纳视察时，看到当地的道路坑坑洼洼，心里不太高兴，但他没有在众人面前责怪地方领导，而是回到车上，笑着对同车的地方领导说："要我看，这条路下雨是'水泥路'，晴天是'扬灰路'！"当地领导听完，有些羞愧地笑了，第二天便开始了道路检修。

"良药苦口利于病，忠言逆耳利于行。"良药何必苦口，通过一定的智慧在苦涩的药外面包上一层糖衣皮，哪怕这药再苦，也不会让人觉得难以下咽。忠言之所以称为忠言，就是对听者有利的语言，那何必要逆耳？使语言变得精妙，让人听起来舒服，即使是批评的话也会让人心生欢喜。

瓢泼大雨是灾难，春雨润物万物生。说到底，人和人的感情不仅需要培养，更需要呵护与维护。沟通的最终目的是建立良好的人脉关系，没有谁是为了树敌而与人沟通的，注意自己的说话方式，特别对表示批评的话仔细进行揣摩，本着维护感情的目的去说，给别人留足面子，才能让人对你的批评心服口服且心存感激。

行走职场，幽默是你最好的功夫

除了家人，相信大多数人与同事相处的时间最长。有时，可能比和朋友，甚至家人在一起的时间都长。所以，同事之间的相处非常重要。

职场充满竞争，人际关系纷繁复杂，非常容易引发种种矛盾和纠纷。出于自我保护的本能，不少人在工作中谨小慎微，整个公司的气氛异常严肃，上班时间大家专心工作，下班时间大家也很少沟通，进而更容易积攒彼此之间的偏见和敌意。

适时的幽默，则可以打破严肃的气氛，缓解紧张的情绪，消除交流双方的敌意。心与心之间的隔阂消除了，人与人的沟通自然也就畅通了。正如著名作家帕金森·鲁斯特莫吉所说："你不能老是板着面孔与人相处，幽默感会使你的工作变得更为容易，同时也会使你的职工生活像阳光一样灿烂。"

这一点不难理解，如果你和同事之间的关系很冷淡或者非常不好，经常发生摩擦，彼此陷入钩心斗角、相互拆台的状态，那么正常的工作会变得举步维艰，甚至阻碍事业的发展。如果同事之间的关系融洽和谐，你一定会感到心情愉悦，充满活力和动力，每天的工作也会进行得相对顺利。

"上班又不是上刑，我们的心情不要太沉重""脑袋空空不要紧，关键是不要进水。多想想，一定会有好的创意"……那些幽默的人经常在办公室开玩笑，仅仅两三句话，就能让大家的精神得到放松，营造一种和谐欢乐的沟通氛围，可谓解压又解乏。

由于公司业务发生变更，智杰需要与公司的法律顾问高女士协商，一同修改公司章程。之前，他们没有过工作往来。有同事好心提醒智杰，高女士性格高傲又不苟言笑，和她沟通是一件无比紧张的事情。

一见面果不其然，高女士表情严肃，语气冷淡，而且直奔主题。这样的方式没有什么不好，却让人有一种沉闷的压抑感。而且，看得出她本人也不轻松。

"和你聊天最好先练习下射箭。"智杰开玩笑说。

"什么意思？"高女士不解地质问。

"快准狠，直击目标。"智杰笑着回答。

三个字让高女士莞尔一笑，随后接过话来："弓箭总比机关枪好吧？拉弓——放箭，拉弓——放箭，留一点空当，让听的人消化。"

听了这段话，智杰也不禁大笑起来。后来，高女士告诉智杰，其实她本人只是有些慢热，但性格还是很开朗的，但那些和她交流的人，可能觉得律师是很严肃的工作，言辞总是很拘谨，为了提高工作效率，她便废话少说，中规中矩。渐渐地，形成了这种彼此疏离的沟通模式，她自己也很苦恼。

就这样，一次简短而幽默的对话，智杰和高女士的关系熟络了不少。在随后的工作过程中，他们也会利用一些玩笑释放压力，再配上一两个搞笑的动作，有效地消除了工作中的紧张和焦虑。如此，双方都能保持良好的精神状态，工作效率非常高。

谁都不喜欢待在沉闷的环境中，谁都不喜欢和过于严肃的人共事。在职场中，如果你希望拥有和谐的人际关系，不论你从事的是什么行业，不论你是新人还是老员工，也不论你是老板还是下属，在沟通中不妨运用一些幽默技巧，你会发现，你拥有了好人缘，处处皆和谐，更容易轻松应对工作中的问题。

有的人之所以严肃、呆板和拘谨，很多时候是因为性格内向、不善交际和不苟言笑等原因。对于这类同事，不能一味埋怨对方不好相处，而要设身处地考虑对方的情况，言谈举止多多顾及他们的感受，这样才能让他们对自己产生好感，慢慢地打开心扉，进而深入地交流下去。

幽默的话语可以打动同事的心，打造办公室内的好人缘，同样也可以帮助你赢得领导的好感和信任。不要认为领导是领导，员工仅仅是员工，两者之间的壁垒坚不可摧。要知道，领导也是人，不是神，也有七情六欲、喜怒哀乐，这就自然决定领导和你我一样，也喜欢有幽默感的人。

当然不止同事和领导，在与客户交谈时，我们同样需要运用幽默。在推销中，没什么比幽默更有利于和客户建立起良好的关系了。

一个幽默的人，走到哪里都会受人欢迎。但很多人却忽视了这点，以为和客户沟通是一件严肃认真的事，因此常常表现得过于刻板、死气沉沉、没有活力……客户会是多么失望，因为他们原本希望你带来一些快乐，一些惊喜，而现在他们却要硬着头皮忍受你带来的压抑感，进而把内心裹得更紧。

一位男士到百货商场逛街，经过一家帽子店时，店员热情地招呼道："先生，买一顶帽子吧！好保护您的头发。"

男士根本没有买帽子的打算，因为他头上那几根头发数都数得过来。但他还是停了下来，指着自己的头顶，打趣地问道："这还用保护吗？"

店员并没有难为情，而是笑着回答："如果您买顶帽子带上，别人想数都没得数了。"

男士哈哈大笑，立即买了一顶帽子带上了。

不管是否承认，我们每天都在推销自己，也在被别人推销着。每个人其实从本质上来说都是接受推销的，只是我们的接受是有选择性的，只会接受自己喜欢的东西或形式。面对合作的客户，你要清楚客户的需求，也要明白幽默具备获得他人好感，并打消他人戒备和抵触心理的本事。

一个玩笑激发的是一种情绪，不管是开心也好，放松也罢，它都能让人的情绪变好。同事、领导、客户开心了，沟通畅通无阻，工作顺利了，升职加薪也自然水到渠成。

幽默是加蜜，不是撒盐

幽默大师卓别林曾说："幽默是智慧的最高表现，具有幽默感的人最富有个人魅力，他不仅能与别人愉快地相处，更重要的是拥有一个快乐的人生。"

每个人都喜欢与机智幽默的人做朋友，但这并不意味着，一个人所展示出的"幽默"越多，越能获得人们的欣赏和喜欢。因为真正意义上的幽默，一定要根据对象、环境以及刹那间的气氛而定。倘若为了营造气氛而刻意制造幽默，不分场合，不管对象，不管内容，往往会适得其反。

毕健和王博是大学同学，感情一直不错，是无话不说的好哥们。后来两人去同一家公司面试都被录用，而且分在同一部门。

毕健性格开朗，大大咧咧，为了尽快给新同事们留下一个好印象，快速融入新的集体，他经常和大家分享一些遇到的有趣的事。这本无可厚非，但他的话题经常落到王博头上。"王博曾喝醉了酒，把充电器插在花盆里，连着手机充电……""王博给暗恋的女生发短信，结果误发给了辅导员……"

结果，王博的这些事情部门同事全都知道了，大家一看到王博就禁不住地想笑，这让王博恨不得找一个地缝钻进去。

这天在公司小组的讨论会上，轮到王博发言了。王博最近患了感冒，嗓子发炎，站起来吭哧了半天，脸憋得通红，却一句话也没有说出来。大家都为王博捏了一把汗，而毕健却嘻嘻哈哈地开起了玩笑："你平时见到女生就紧张得脸红，这次又紧张了吧？你看你，脸都快赛过猴屁股了。"

听到毕健的这一番话，王博狠狠地瞪了毕健一眼，其他同事也觉得尴尬不已。

之所以出现这种情况，就在于毕健开玩笑没有分寸，不分场合，伤到了王博的自尊和面子，这样的玩笑不仅无法产生"笑果"，还会让人心存怨恨。

我们常说"适可而止"，幽默并不是想说就说，而要进行用心的推敲，要有所节制，把握好分寸，尽可能避免说出令人尴尬或厌恶的话。如果拿无知当有趣，毫无底线地娱乐，就会让别人有一种被嘲笑、被捉弄的感觉。

有一句话说："当玩笑建立在别人的伤口之上时，就不再是玩笑，而是一把盐。"比如，生活中谁都有一些不愿为人知的事情，也难免会有不足和缺陷。如果你揪着对方的隐私和缺陷不放，并且将它作为取笑对象的话，对方就会将你的玩笑当作捉弄而对你怀恨在心。

谈话中展现幽默是感情相互交流传递的过程，追求的是融洽的人际关系，应以愉悦的方式表现出来。那些真正具有幽默品质的人，动机是善意的、友好的，在任何情况下他们都富有慈悲心、同情心和包容心，懂得考虑别人的处境和感受，话语也会是温暖的、仁慈的、敦厚的。

孙教授是一位大学导师，退休离校前他曾宴请同事和学生们。席间，孙教授和大家谈笑风生，一位女士端着酒杯怯生生地坐在不远处，眼睛不时朝这边看过来。孙教授凭直觉意识到这可能是某位学生的太太，想和自己认识，但苦于没有引见的人和话题，一直犹豫踌躇，于是他主动走过去。

"你好！我们这些上年纪的人记性不好，请问你是……"孙教授温和地询问。

女士有些羞涩地自我介绍："您好！孙教授。我是12级陈浩的妻子，他一直很崇敬您，我也一样，所以今天一块来给您送行。可惜他临时有事，待会才能赶过来。"

教授笑着说无妨，请女士坐下先喝茶。由于是第一次见面，确实有点儿无话可说，教授就问女士是怎么认识他的学生的。

女士的脸顿时红了，有些迟疑。虽然刚刚认识，但孙教授已经意识到这是一个内向羞涩的女士，于是赶紧替女士做了回答："是不是感觉上当受骗，一言难尽？也难怪，他可是我最聪明的学生之一……"

一听孙教授这番幽默的话，女士"噗嗤"一声笑了出来，看得出她一下子放松了许多，接下来的说话也变得流畅起来。孙教授用幽默减轻了这位女士的精神负担，但这一番话其实也是作了一番考虑的，即他意识到这是一个斯文内向的人，不妨用轻松的、愉悦的幽默去缓解她的尴尬。

幽默是一种高级的谈话艺术，一个人格成熟的人懂得在合适的场合将幽默发挥得恰如其分，这是成功施展幽默的窍门。道理显而易见，幽默是说给别人听的，自然别人愿意接受才行。我们只有分清场合，注意对象，才会找到合适的幽默话题；只有满足对方的心理需求，才能真正实现沟通。

具体来说，展现幽默还需要注意一些问题。

俗话说"不要当着和尚骂秃儿，癞子面前不谈灯光"，与人一起闲聊调侃时，哪怕彼此感情再好，也不要将对方的缺陷、不足、生活污点等短处当作笑料一一抖出。有心也好，无意也罢，揭人之短都会伤害他人自尊，轻则影响双方的感情，重则导致合作的破裂，产生负面影响。

同时，幽默的使用需要根据不同的身份、地位、性格、文化素养等进行区别。每个人的承受能力不同，开玩笑之前一定要先弄清楚，对方是个什么性格的人，你们之间的关系又是何种程度，你开的玩笑对方是否能接受，判断对方此时此刻的心情是好是坏，进而拿捏好分寸。

一般来说，与上级、名人、长者、陌生人、女性，尤其是妙龄少女、性格忧郁或孤僻的人，是不宜随便开玩笑的。就算想开玩笑，也要在尊重他人的情况下。

要做到恰如其分地使用幽默，还必须对场合加以选择。某些特定的场合是不适合幽默的，如严肃的会议、庄重的活动等。俗话说"到什么山唱什么歌"，在什么场合说什么话，幽默的话语与现场的气氛搭调，才能把话说到人的心坎儿上，达到"一语惊起千层浪"的幽默效果，并增进人际关系。

幽默应该具有一定的语言艺术和思想品位，禁止谈及那些格调低下、内容消极的话题，而应以风趣高雅、内容健康的话题、轻松愉快的形式和情绪去交流，使情趣与哲理达到和谐统一，让人开怀的同时还能受到一定的启迪和思考，使彼此的交往更有益于工作、生活和身心健康。

做到这些，才能使幽默真正起到作用，实现人与人之间的和谐互动。

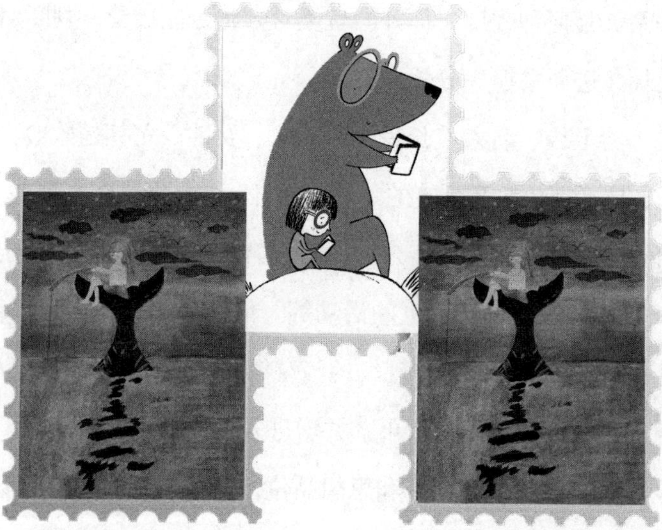

Part 6

**没有人会被说服，
除非他愿意**

从本质上说，说服就是改变别人原有的信念、态度、立场和行为，这自始至终都包含着心理上的抗衡。你可以凭借自己的雄辩把对方辩驳得哑口无言，也可以通过了解对方的心路历程和交流环节的心理变化，采取策略性的引导。只是，前者口服心不服，后者往往则是心悦诚服。

说教无用，因为没人喜欢被改变

试图说服一个人的时候，许多人会习惯性地摆事实、讲道理，这是一种最简单的沟通方式——我把自己了解的所有知识都讲解给你，我把自己所有的生活经验都呈现给你，我把所有可以安身立命的方法都告诉你……不得不承认，这种沟通通常是充满诚意的，但是对方却往往不乐意"买账"。

思想家卢梭说过，世上有三种没用的教育方法，其中之一就是讲道理。

为什么讲道理会没用呢？这需要我们先了解什么是讲道理。从心智层面来讲，讲道理就是通过自己的言语影响他人，以改变他人的观点、看法等，它本质上暗含的意思是对对方的一种否定。所以，无论你的道理有多么高明，不管你的语气有多么客气，这都是对他人的一种精神上的指责。

有谁愿意承认自己不对呢？无论错误大小，没人喜欢承认这点。

比如，当你提出自己的一个工作想法时，有人张口就罗列出各种道理。此时，你会是什么心情？即使你表面不会有什么异样表现，但是心情肯定不好，甚至会产生抗拒的念头。因为对方的一番言辞直接否定了你的立场与观点，你会本能地认为自己受到了威胁，从而引发沮丧、反感、抵触等情绪。

妈妈责问孩子："告诉过你这个很危险，不要碰，你怎么就是不听呢？"

丈夫责怪妻子："别抱怨了，不就是带个孩子吗？你每天能有多累？"

妻子责备丈夫："这日子还怎么过？你整天忙工作，家里什么都不管。"

员工抱怨领导："我为公司卖力地干活，您却一直看不到，太让我寒心。"

上司不满员工："心比天高，眼高手低，说的就是你这种人。"

……

我对，意味着别人错——很多时候，当我们觉得自己有道理的时候，才会理直气壮地对人讲道理，这就导致了种种矛盾和冲突。因为执着于自己的正确性，妈妈看不到孩子的内心需求，丈夫难以体会妻子的不易，妻子也不能理解丈夫的压力，员工看不懂领导的用心，上司也很难全面了解下属。

每个人都有自己既定的立场，也都有自己固有的认知，你的道理就一定是正确的吗？也有可能源自对别人的不理解。一味地站在自己的角度思考问题，不考虑别人的立场和感受，却希望通过讲道理改变别人，这个行为创造出一个无意识的指责情境，对方当然接受不了，结果可想而知。

看过《非暴力沟通》的人应该都知道，沟通中的要素是感受需求。**沟通不是改变对方的看法，而是感受对方真正的需求。**

电影《找到你》里的李捷，身为律师的她一向精明干练，无论工作还是生活都保持着足够的理智和清醒，做起事来有理有据有节，她也习惯将这些方式运用到当事人身上。比如，面对被抛弃的全职妈妈，她会理直气壮地教育对方："我现在这么努力，就是为了有一天不像你一样被动。"

李捷是一位单亲妈妈，由于平时忙于工作无暇照顾女儿多多，请来保姆孙芳帮忙照看。孙芳因为家庭暴力导致离婚，她看上去木讷寡言，当她怯生生地想对李捷倾诉自己的人生经历时，李捷总是不耐烦地打断她。孙芳的女儿因病早夭，同为女性和母亲，李捷几乎没有同情，更多的是冷冰冰的不屑。

孙芳很擅长照顾孩子，多多与她很亲近，甚至比对李捷还依赖。后来，孙芳一声不响地带着多多离家出走。在警方的配合下，李捷很快找到她们，她以律师的身份对着孙芳说了一大堆道理，那些话听起来很有道理，却被孙芳一再指责"你不配当妈妈"，跟她在指责别人时的理直气壮如出一辙。李捷第一次知道，有些话听起来很清楚，有些道理讲起来很明白，却不一定能被理解。

直到李捷耐心地倾听了孙芳的人生遭遇，"对不起！之前我没有好好了解你，我不知道你这么难！"这一次她没有讲道理，而是对孙芳表示了同情和理解，她理解了孙芳。正是这句话在孙芳封闭的心灵敲开一道裂缝，透进一丝良知的温暖。最后，孙芳把多多还给了李捷。

说教仅仅是单方面的灌输和压制，负面情绪通常都是因为强行说教而引起的。多站在对方的角度，感受对方真正的需求，则是一种情感上的平等互动。

例如，天气转凉时，不少父母喜欢嘱咐孩子"多穿点衣服，不然感冒了，又要花钱"，但是孩子是不能理解的，钱是你的，不关他的事，而且他不知道钱很难挣。你不如说"你冷吗？冷就要穿件衣服，感冒了你会很难受的。"这样跟他说话，他就能知道穿衣是为了自己不难受。从"我"到"你"，只是简单转化一下，说服效果完全不同。

每个人都有自己的判断依据，有自身固有的对事物的认知，因此有人说世界上最难的一件事情就是把自己的想法装进别人的脑袋里。相较于别人提供的现成"答案"，人们反而更喜欢通过自己的途径去思考！**将注意力聚焦在对方的需求，如此对方的感受会更深刻，远远胜于讲道理。**

最具代表性的就是广告，现在的优秀广告不再一味地介绍产品，而是传达使用产品的感觉，比如一款德芙广告：男孩和女孩分别坐在椅子两端，女孩拆开巧克力包装后，严冬顿时变为春暖花开，两人滑到一起。整个广告没有说巧克力多么好吃，只是描述一个情景，却让人忍不住想尝尝这种丝滑。

我们生活中的每一个行为，其本质都是建立在需求基础上。

当需求被满足了，我们通常感到满足、兴奋、愉悦等。

当需求未被满足，我们就会感到沮丧、愤怒、焦虑等。

当你和他人意见不同时，不要总想着如何说服对方，不妨先关注对方的感受，发现对方的需求。少讲道理，多给予爱，才能让对方心悦诚服地接受你的观点。

即使有时真的有必要讲道理，也一定要在双方情绪冷静、心平气和的时候，并学着站在对方的角度去思考、去沟通，这样你的语言才能剥掉指责的意味，充满对对方的理解和接纳。当对方的心理需求得到足够的满足，感受到安全、平等，反过来自然就会用豁达和积极的心态接纳你。

"假设性原则"真的很实用

一般来说，说服包括有意识接收和潜意识接收两种方式。大多数说服都是有意识层面的结果，也就是我们可以预知的情形，比如醉酒开车会被处罚、晚睡有害健康等，这类说服往往比较顺利，因为每个人都有趋利避害的本能，只要我们客观地把一件事情的好处与坏处罗列出来就可以了。

然而，在说服过程中，常常会出现另外一种情形——当一件事情没有进行或者正在进行时，结果是好是坏无法确定。这时，我们就需要利用潜意识说服，这就是"假设性原则"的妙用。

所谓"假设性原则"，即针对某一问题提出某种假设的解决方案，也就是用一个尚未出现的假设方案，验证后果的好或坏，合理或者不合理，让对方站到旁观者的角度看问题，进而跳出固有的视角，不再坚持原有的立场。**这一方法多用于不确定的提议、预测，或者有待证明的结论。**

几年前，老郝创办了一家传媒公司，涉及影视、演出、网络等项目。随着互联网的飞速发展，公司的生意越来越好，营业规模不断扩大，结果出现了暂时性的资金短缺。于是，老郝找到了老同学老许，希望老许能注入一笔资金作为投资。为了表示自己的诚意，他还主动提出出让5%的股份。

一开始老许是拒绝的，因为他顾虑的方面比较多，他原想把闲钱好好储存起来，一部分留给父母养老，一部分做孩子的教育备用金，剩下的则是家庭开支备用款。

当老许说出这些想法时，老郝并没有急着打消老许的念头，而是做了一番分析：

"咱们都学过市场经济，货币流动起来才有生命。假设你把这些钱放到银行肯定稳妥，但利息也是很低的，存来存去也不会涨多少。但是，假设……"老郝加重了语气，"假设你将这些钱投资到我们公司，几年后分给你的股份，既可以更好地孝顺父母，又可以使孩子有更好的未来……"

老郝继续说道："好处不止这些，我们的团队专业扎实、团结进取、朝气蓬勃，想象一下，当你和这样一群人一起工作，甚至领导着这样一群人，一定觉得未来无限可能吧？看似你是希望通过投资赚钱，其实你是投资美好的未来。给别人打工和给自己打工，哪一种选择更好？"

就这样，老许被老郝以上"假设"成功说服。

当你想说服别人做出一个艰难的决定时，千万不要用自己的想法引导别人，最好的办法就是运用假设的讨论模式，从事情可能引发的结果展开推导，然后让对方去思考，去领悟。

"假如换成别人，而不是你，你会怎么办？"

"假设问题是这样的，那么我们……"

"假如现在不这么做，我们不妨一起分析下将来会发生什么……"

……

在这里，假设可能成立，也可能不成立。通过假设所得出的结果，别人可能会接受，也可能会排斥。我们所要做的就是把这些情况摆出来，这样的潜台词是"事情会出现这样的情况，我无意隐瞒你。我是真诚的，希望你能明白。"而那些看似不利的情况，恰恰就是进行说服的工具。

张笋是一位新晋宝妈，产假结束的日子越来越近，她却越来越不想上班。虽然公婆提出可以适当帮忙，但她婉拒了。她想好好照顾儿子，感受他每一刻的成长、每一天的变化。

"做了妈妈以后，我才深刻地意识到，孩子对生活的影响真的很大，你会心甘情愿地为他付出一切，情不自禁地为他牺牲自己的生活。如果重归职场的话，多少会影响到个人生活，我对儿子难免会照顾不周。"张笋和闺蜜说道，"何况老公现在能养得起我们，我觉得自己不必着急上班。"

闺蜜认为女人无论什么时候都要有自己的事业，同时她也深知每个女人都有选择自己生活方式的权利，于是思考了一会儿才开口："你希望将全部时间和精力放在家庭和孩子上面，没有什么不好，但同时也要经历较长的职业空白期。假设三年后你事业上有所懈怠，经济上受到极大限制。这样的生活是你想要的吗？"闺蜜追问。

"不是。"张笋有些犹豫，"但事业和家庭不能兼顾，只能做出选择。"

"假设做了全职太太，你想过会面对什么样的生活吗？照顾孩子，一日三餐，家庭琐事，还有做不完的家务，这样的生活是你想要的吗？"闺蜜追问。

"也不是。"张笋回答道，"或许我该再好好想想。"

"假设现在是五年后，你希望自己是什么样子？"闺蜜询问。

"我希望自己能够独当一面，在职场上做自己喜欢的事情，在生活上过自己喜欢的生活，而且能给孩子树立一个好榜样。"张笋回答。

"假设你现在做全职太太，到时候你能如愿以偿吗？"闺蜜追问。

在权衡了以上得失之后，张笋的问题已经明了，如何避免损失以收获更大的回报就是她接下来要做的事情。

谁都希望站在说服者的立场，不喜欢被别人说服，但是当我们把假设的后果和当前的行为关联起来，前因后果变得清晰直观，整体思路清楚而理性，让被说服者自己权衡利弊，就把"我说服了你"变成了"你说服了你自己"，对方会心甘情愿地做出改变，这样的说服技巧才是最高明的。

沟通高手骨子里都是逻辑大师

在沟通过程中，每个人都有自己的思维逻辑，并且都在试图把别人带入自己的逻辑圈，也就是让对方认同自己的逻辑，从而实现说服对方的目的。而被说服的一方，恰恰是因为进入了对方的逻辑圈，在谈话中处于一种被动地位，结果只能跟着对方的思路节奏走，轻而易举地被说服。

所谓逻辑圈，是人们通过概念、判断、推理、论证理解和区分客观世界的思维范畴。一个人的逻辑圈，往往影响个人对事物的分析、行为的判断，以及做出的决定。假设在一个人的逻辑圈中，他认为这件事是正确的，那么我们很难说服他作出改变。因为他有自己的判断依据，他认为他的想法即真理，说服根本起不到什么作用，还可能引发对方的反感和抵触。

一位男孩大学毕业后心情焦虑，他害怕真正步入社会，不想面对种种竞争，想在家里做网站自主创业。父亲见儿子每天窝在家里，规劝道："老在家里多无聊，你还年轻，要多出去经历，多看看世界。"

父亲的这句话，是在告诉儿子"外面的世界比在家里更有趣"这个逻辑。如果儿子认同这个逻辑，就会同意父亲的说法。但此刻儿子觉得自主创业没有什么不好，于是反驳"外面有什么好？几十个人，甚至几百个人抢一个饭碗，没意思。在家里，做自己喜欢的事情，还能赚钱，这才有意思。"

"你躲得了一时，躲不了一世。"父亲又尝试用自己的逻辑说服儿子，"多出去见识世界，会增加你的见闻和学识，当你越来越优秀，种种焦虑也会随之消失。"

儿子也找出理由反驳父亲："打工没有前途，看看那些亿万富豪都是自己给自己打工。"

这对父子的对话，就是各自观点的阐述。而他们所持的种种观点，说到底其实都是自身逻辑推导后的结果。你把你认可的观点说出来，我把我认可的观点说出来，各自都有各自的逻辑，又不完全了解对方的逻辑，只是站在自己的逻辑上沟通，于是各种交锋、各种讨论、各种争吵就出现了。

美国咨询业领军人物安妮特·西蒙斯曾说："影响力的魅力并不在于我们说了什么，而在于我们如何去说以及我们是谁。"

在沟通过程中，一方要想说服另一方，就要找出对方的逻辑，可以补充对方的观点，也可以印证对方的观点，最重要的是引导对方得出自己想要的结论。如此，我们不需要运用威逼、利诱和操纵等手段，在不为人知的情况下就能影响和改变他人，使别人按照我们的方式去思考和行动！

戴正是某高校的大学生，不但学习成绩优异，而且在书法上也有很深的造诣。前段时间，他参加了学校举办的大学生书法比赛。他很自信，觉得以自己的水准通过初赛应该没问题，可是复赛名单公布时他却榜上无名。不可能！戴正不服气，找到协理这次书法大赛的督导想要一个说法。

戴正刚把情况反映上去，督导就打断了他的话："没有进入复赛，那只能说明你水平不够。你现在最应该做的是回去好好练习，而不是跑到这里来胡闹！"

督导说得非常严厉，戴正有些想要退缩，但是很快他冷静了下来，继续说道："其实，我也不愿意为这点小事跑来跑去。但是，我总得为自己负责，也为比赛的公平负责吧！"

"为比赛的公平负责？"督导质疑道。

接下来，戴正朗声解释道："复赛榜上没有我的名字，真的只有水平不够一种可能吗？难道评委们就不会错评漏评？你只是从我的角度上看问题，为什么不从评委身上找找原因呢？我相信自己的水平，也相信评委的水准，可人难免有疏忽的时候，为什么我们不核实一下？一切不就一目了然。"

督导虽然还想发火，但是戴正说得也有道理。确实，这种可能性不是没有！于是，他沉思了一会儿，回答道："这样吧，我去评委那里核对一下。如果是评委们错评漏评，我再去校长那边反映情况。最终结果如何，还是那句话，要看你自己的水平。"

一天后，戴正的名字上了复赛榜。同时，复赛榜旁边多了一张通告，上面说明在统计复赛名单时漏填了戴正的名字，现在加上并向其致歉等。

督导并不了解戴正的书法水平，他只知道一个人没进复赛，自然是水平有问题！这是他的逻辑圈，事实上这也是大部分人所共知的事实。如果戴正一直强调自己的书法水平，那么他将很难说服督导。于是他改变战略从比赛的公平负责说起，这是督导的工作职责所在，对方自然没有拒绝的理由。

"不识庐山真面目，只缘身在此山中。"太多的事实证明，身在自己既定的逻辑圈中，有时候很难看出事情的真正面貌，所以我们需要从"山外着眼"。这个**"山外"就是跳出自己的逻辑圈，多站在对方的逻辑圈思考，想想对方言语背后存在的逻辑，进而从另外一个全新的角度进行说服。**

我们与他人的对话，所有语言都是为背后的逻辑服务的。一条理由就其本身来说只是一个独立的观点，它不能反映逻辑关系。只有论证和推理，才存有逻辑关系。

对于任何一个支持结论的理由，我们都应该对它进行分析。一层一层深入地探究下去，只要给出的理由能够支撑观点，能提供全面的证据并加以印证，形成合理的论述，即这些理由是在什么样的前提下才会成立，这样说出来的话就给人一种强大的逻辑力量，进而让对方跟着你的思维走。

温柔的诱导比施压更有效

有一句名言——如果我能说服别人，我就能转动宇宙。可见说服的影响力之大。

但问题是，每个人都有自己的脾气秉性，并非每个人都和你脾气相投，性格相合，也并非每个人都和你有相同的想法，做出如你所愿的事情。在这种情况下，要想说服别人达成自己的目的，你就需要创造轻松、愉悦的谈话气氛，让对方乐意谈，谈得有兴趣，谈得有情绪，谈得很投入。

因为沟通中的氛围直接影响被说服者的情绪和兴趣，因而也就直接影响说服效果。沟通气氛是双方共同维持的，只要有一方破坏气氛，甚至将气氛闹僵，那么对方会竖起防备心理，接下来的沟通势必困难重重。

寒风与暖风相遇，看到路人们穿着厚实，便想比试一番，看谁能够将路人吹得脱衣。

寒风得意扬扬，觉得自己使劲吹，路人肯定招架不住。于是，它用尽全力地吹，可越是卖力，人们越是紧裹自己的衣服。吹了半天，寒风自己累得气喘吁吁，可路人不仅裹紧了大衣，就连帽子都戴上了。寒风泄气了，为刚刚的狂言感到羞愧。

暖风倒是很低调，没说自己一定行，只说试试看。她轻轻地吹，在温暖中，人们似乎放松了紧绷的身躯，慢慢地还觉得有些热了，纷纷脱下了厚重的外衣。

就这样，暖风赢了。

分享这则故事的目的，是想告诉大家，说服别人的时候，即使面对的是与自己意见不一致的人，也不能把他们当作对手或敌人，而应该讲究和风细雨，温柔的诱导，也就是有次序地、耐心地引导对方思考，这会让对方感到足够安全，也会让对方能够主动与你分享感受，最后心悦诚服地点头称赞。

这些年，数不清多少个保险业务员登门拜访林萍，但她都一一拒绝。因为，那些保险业务员一见面就会发动猛烈攻势，热情地介绍保险品种，并且总喜欢说"如果您出现意外，将可以得到多少保额"之类的话，这时林萍就会无情打断："谢谢你，不需要，再见！"不过，这天林萍竟然和一名保险员聊了一个多小时，最终还买了一份保险。

这名保险员之前拜访过林萍，无疑，他也是被拒绝者之一。但这次他没有像往常一样急着说服林萍，而是笑着问道："我想请教您一个问题。一个人再有本事，也难免有无法控制的事情，比如疾病和意外，对吧？如果可能遭遇三种不幸：失业、残废、死亡。依您看，哪一项最可怕？"

"残废！"林萍毫不犹豫地回答，"一个好好的正常人突然变残疾，心理上一定难以承受。而且残废之后，如果生活能自理还好一点，如果生活不能自理，无法上班，没有收入，怎么生活？怎么养家？更重要的是，还需要各方面的照顾，比如医疗、家人看护，生活方式将彻底改变。"

"残废是最消耗人的不幸，您能想到这些，真是睿智。"保险员诚恳地看着林萍，对她的看法表示了强烈认同，接着继续问道，"据我所知，当一个人残废之后，只能依赖四种经济来源，家人、朋友、社会福利、保险。假如您可以自主选择的话，请问您会选择哪一种？"

说实话，林萍是一个独立惯了的人，没想过依靠别人，所以一时无法作答。

"在许多灾难前，我们往往无能为力。"保险员叹了一口气，"残疾了得治疗吧，家里再有钱，一下子支出一大笔钱，家人以后得省吃俭用，生活品质明显下降；家里没钱的话，就算能借到钱，面对一大堆经济和人情债务，谁能好受？靠社会，拿低保，给多少是多少，您觉得有尊严吗？"

这些都是实话，让林萍听得莫名辛酸……

"无论发生什么变故，一个人都不能丧失尊严，您说是吧？"保险员询问。

这倒是真理，林萍微微点点头。

"保险是自己创造的。"保险员进一步作出解释，"当您躺在病床上时，送您1000元的可能是亲戚朋友，送您1万元的可能是兄弟姐妹，送您5万元的是父母和子女，但送您10万元、20万元、50万元……而且不用还的，只有保险公司！从这个角度说，保险就是尊严。"

林萍陷入了沉默，没多久，签了保险合同。

说服别人，需要提供让别人信服的理由。理由来自哪里？是喋喋不休的介绍吗？是"填鸭式"的猛烈攻势吗？

当然不是，人是不能被说服的，人都是要自己领悟的。在循循善诱中创造轻松、愉悦的氛围，让对方在不知不觉中放松对你的警惕，才可能在心理上慢慢认同你所说的话。

这位保险员没有一味向林萍推荐保险，而是通过不显山不露水的提问，巧妙地融入自己的业务，紧接着作出深入的剖析，进而刺激了林萍对保险的需求。

　　人终究是一种本能动物，在人际交往和沟通中，因为害怕自己遭受某种不确定的损失，我们内心往往会本能地给自己砌上一道墙。人与人之间能够达成某种一致，通常是由彼此的信赖感所决定的，而信赖感的产生就是逐步推开这座"心墙"的过程，循循善诱所演绎的也正是这样一个过程。

　　所谓循循善诱，在这里"循"有依照，遵守的意思；"善"就是擅长、善于的意思；"诱"有引诱、劝导的意思，连起来就是依照次序有步骤地引导、教育他人。

　　这一沟通技巧看似简单，却不能马虎大意，因为只要有一环失算对方就会立即警觉，再想重新开始诱导又将是个艰难的过程。所以，谈话之前我们需要深思熟虑一番，第一句该怎样说？对方一般会怎么回答？接下来又会怎样问？每一步都环环相扣，才能做到丝丝入扣，走进对方心灵深处。

先找到共同点，再解决冲突点

在沟通过程中，很多人会陷入一个误区，认为要说服别人接受自己的意见，就得先证明别人的意见是错误的，自己的意见是正确的。

但这种做法往往只会激起对方更强烈的反驳，试想当你说出自己的一个想法时，朋友一开口就是"你的想法不对。""你怎么会这样想？""我不认同。"……听到诸如此类否定的评价，你是什么心情？肯定不会愉快，沟通气氛也会变得尴尬冰冷。即使对方说得再有理，你也没有办法接受。

相反，当你说出自己的某种想法时，朋友没有第一时间否定你，而是认同并肯定你的想法，"这种想法有合理性。""你说的不无道理。"……然后，他再表达自己的观点。这时候，你的心情还会那么糟糕吗？是否会对他的想法有所考虑？肯定的，多数人会接受对方所说的内容，并且欣然接受。

两种不同的说服方式，导致了截然不同的效果，源自社会心理学中的"人际吸引增减原则"，即人们会喜欢那些对自己的喜欢、奖励、赞扬不断增加的人或物，同时讨厌对自己的喜欢、奖励、赞扬不断减少的人或物。如果有人的意见与自己的一致，我们很容易会对对方产生信任感。

对此，一位心理学家曾说过："一个'否定'的反应，就是最不容易突破的障碍。当一个人说'不'的时候，他所有的人格尊严都会叫嚣着，让他坚持到底。即使事后他意识到自己的'不'并非正确的；然而，他必须服从自己的自尊！既然已经说出口，那就必须坚持下去。因此，在谈话之初，记得一定要先让对方采取肯定的态度，这是至关重要的。"

说服是通过谈话使双方达成一致，并且形成一个切切实实的结果。当和别人持有不同观点时，先认同对方观点的合理性，将话题引导到使对方愉悦的方向，减少和消除破坏性的冲突。等到对方的态度不再抵触之后，再巧妙地用"但是""不过"这样的转折说出自己的想法，最终共商和谐。

陈源是一位汽车推销员，初入职场的他虽然没有什么经验，却有着丰富的销售理论，而且他从小就喜欢汽车，对各种汽车的性能和特点了如指掌，是一位真正的内行。一开始陈源对这份工作信心满满，认定自己一定能干出一番名堂。结果第一个月的销售业绩排名，他竟然是垫底的。

"没想到说服客户这么难！这些客户真的太难搞了。"陈源一肚子委屈，和主管大倒苦水，"我们生产的汽车外形好，质量过硬，比其他品牌汽车要强多了，可那些客户就是不相信，还挑三拣四，我说什么他们都要反驳，很多时候没说几句话，就转身离开了……"

"不是客户难搞，而是你没意识到问题所在。"主管回答，"你提到了客户反驳你，其实这个事情是相互的，究竟是客户反驳你，还是你反驳客户，你要好好思考下。"

"可是很多客户的观念完全是错的！"陈源急了。

"咱们先不谈这个问题，明天你跟着我工作一天吧。"主管说道。

第二天，当主管向一位顾客推销汽车时，顾客傲慢地说："什么？我不喜欢你们这个牌子，我喜欢另一个牌子，你不要多费口舌了。"

"那个牌子有什么好？"陈源心想，刚想发作，被主管悄悄摁住了。面对眼前的顾客，主管只是微微一笑，说道："您很有眼光，那个牌子的汽车确实非常好，他们工厂设备精良，技术过硬，您真是位行家。不过，我们的汽车也有很多优点，而且我们的几项安全技术都是国内领先的。"

"现在交通事故频发，汽车有安全保障才更放心，这一点相信您也有同感。"主管强调说，"如果您感兴趣的话，接下来咱们就好好聊聊。"

"好吧。"顾客欣然同意。

当顾客满意地开着汽车离开后，陈源不可思议地追问主管是如何做到的。

"其实很简单，把客户的认同感当作销售第一件事。"主管回答道，"这并不是认怂和软弱，没有人喜欢一个反驳自己的人，我们不喜欢这样的客户，客户同样也不喜欢这样的销售员。所以我们要改变自己的态度，当顾客发表观点时要先肯定他们，找到彼此的共同点之后，再进一步谈其他的。"

表达自己的看法，是沟通当中最重要的事情，是我们说服的最终目的。如果你期望的不是与对方针锋相对，而是希望能说服对方接受自己的想法和意见，那么在张嘴之前就要懂得给予对方一定的肯定，在第一时间给对方留下好印象，把对方拉入你的"阵营"，从心理上攻克对方。

在接下来的谈话过程中，你可以创造合适的时机，再提出自己的观点。即使你所陈述的是完全不同的意见，想必有了"先入为主"的好印象之后，对方也不会产生太大的抵触心理，反而可能会认真考虑，甚至接受你的意见，最终达到双方之间的一种共识，这个结果才是我们最想看到的。

只有说服自己，才能说服别人

心理的渗透始于说的开始，先说服自己再说服别人。倘若自身的认知不够全面，也没有深入地了解掌握，很难从理论上让别人百分百信服，而且自身体系很可能被对方攻破。

林岚经营着一家化妆品公司，摸爬滚打几年步入正轨。为了扩大公司产品的影响力，她一直坚持使用自家产品，认为使用其他公司的化妆品是对自家产品的不信任，更无权要求消费者。正因为如此，她不能理解凯迪拉克轿车的推销员开着福特轿车四处游说、保险公司的经理自己不参加保险。

可是有一次朋友聚会时，大家发现林岚居然正在使用另外一家公司生产的粉盒及唇膏，有人惊讶地追问："你不会是在使用别家公司的产品吧？"

林岚回答道："没错，可是我必须这样做！"

接着，林岚对朋友们讲述了一段经历："前段时间我失去了一名客户，原因很简单，聊天时客户问了我一些其他公司产品的问题。很遗憾，我对其他公司的产品一无所知，结果客户说：'如果你连竞争对手的产品都不了解，怎么了解你们的优势，我又怎么确定购买你们的产品是明智之选呢？'"

林岚之所以失去这位客户，原因就是在与客户交流的过程中，她断了一环。当客户询问其他公司的产品时，她一无所知，无法说出自家产品与其他产品的与众不同之处，如此又怎么能够说服客户心甘情愿买单呢？很显然，正是明白了这点以后，林岚开始着手了解别家公司的产品。

其实，说服一个人并不是太难的事情，只需要两个步骤即可。

第一步，提前做好充分准备，知道自己想要表达的是什么，将可能涉及的观点和内容烂熟于心并坚信不疑。无论别人提出什么问题，都能对答如流，讲解得精炼、精当，这才有可能让别人信服。如果专业问题解释不清，回答问题牛头不对马嘴，自然容易使对方产生疑虑，产生不信任感。

第二步，站在对方的立场思考问题。不要总以旁观者的身份向对方提建议，而要设身处地地感受对方所感受的。只有这样，你才能够深刻地体会对方的内心，知晓对方的所思所想，进而提出能让对方接受的观点或建议。

比如，这些年不少产品类的营销公司，在将产品正式推入市场之前，都会给自己的员工派发产品进行体验，并且要求员工以消费者的身份写出使用心得。然后，他们会根据这些心得做出相应的调整、改进、对策等。这样做的目的，就是为了让产品更适应和满足消费者的需要，进而保证销量。

当你决定说服某人时，必须有系统的论证体系。先假设自己就是对方，然后将想要对方赞同的理由摆出来，一、二、三、四，说给自己听，然后设想对方是否同意这些观点。假如你被自己说服了，那就大胆地开口；假如连自己都不能说服，那么趁早不要自讨没趣，或者重新整理思路。

唐芝是一家公司的行政主管，由于负责每个月的薪资核实和发放，她知道所有员工的薪资情况。因为每名员工的岗位和能力不同，工资肯定存在一定的差异，所以工资都是保密的，领导曾再三嘱咐过。

这天闲聊时，与唐芝关系最好的同事刘娜向她打听其他同事的薪资情况。

"这可不行。"唐芝摆摆手，"当初我和单位签了保密合同。"

"你只告诉我，我又不说。"刘娜继续劝说，"咱俩关系这么好，求你了。"

唐芝想直接拒绝刘娜，但她想到此时如果态度过于强硬的话，担心破坏彼此之间的关系，"如果我是刘娜，会接受哪种说法？"

思索几秒后，唐芝偷偷看了看四周，然后轻声问："你能保守秘密吗？"

刘娜回答："能，当然能！"

"那你觉得泄密的人怎样？"唐芝继续询问。

刘娜回答："这种人不可靠，不过你放心，我绝对守口如瓶。"

唐芝微笑，接着说："那么，我也能，我也能守口如瓶。"

刘娜愣了一会儿，不好意思地笑笑，走开了。

所谓说服，永远先是自我沟通，这需要站在对方的立场思考问题。假设你是对方，你会有怎样的行为，内心深处又是怎么想的？然后试着用相关内容说服自己。

为此，你可以通过以下问题列表，来确认此次沟通的定位。

1. 这次沟通我希望达到什么样的目的？
2. 我自身以及观点或建议的优劣势是什么？
3. 对方渴望在这次沟通中我能帮到对方什么？
4. 如果我是对方，会接受自己的意见吗？
5. 如果我是对方，可能提出哪些异议？如何处理？

……

有态度的沉默：此时无声胜有声

钟爱辩论的人都喜欢说这么一句话："真理越辩越明。"其实，这个观点是有失偏颇的。很多时候沉默也是最好的语言，甚至比其他语言更具有震慑力。

在一些影片中，我们经常看到监狱中有一个叫禁闭室的房子，用来惩罚不听话的犯人。这种房间不仅非常狭窄，而且既见不到阳光又没人和你说话，你就这么静静地待着，一待就是一两个星期或者更长。对于正常的人而言，即使是在里面关上一天都感觉度日如年，时间一长甚至可以发疯。

在与人沟通时，我们大都也经历过这样的情形：当双方情绪激动地唇枪舌剑时，如果一方先沉默下来，不管对方怎么冲击和叫嚣，沉默的人保持不言不语，那么对方的气势就会逐渐消减下来，甚至开始变得气急败坏、坐立不安，从而败下阵来。而实际上，这就是沉默的"犀利"之处。

正因如此，许多说服高手经常会利用沉默来打造自己的气势，先从心理上镇住对方，从气势上打击对手，利用沉默达到自己的目的。

当然，这里的沉默并不是传统意义上的一言不发，而是尽量避免就对方提出的引导性的、不利的问题发表意见。比如，对方提出一个建议，不必及时给予回答，保持着沉默，或是转移话题。再比如，假装不理解对方提出的技术性问题；假装听不明白对方对于某些问题的阐述和分析等。

为了拓展新的市场业务，昆皓曾负责和一家外贸公司商谈合作，领导的要求是必须成功。或许是深知昆皓公司达成合作的迫切性，一开始对方代表的态度很是强势，他们一上来就列出种种权利和要求，还准备了大量的价格对照、相关法律条文等资料，丝毫没有考虑昆皓所在公司的权利和要求。

在大多数情况下，昆皓只是坐在那里认真地倾听，然后等到对方不那么强势的时候，再发表一两次言论。半个多小时过去，昆皓似乎一直处于下风。

"难道您认同他们开出的条件吗？"谈判间歇，手下焦急地询问昆皓。

"当然不。"昆皓直言，"这些要求有些苛刻。"

"那为什么不和对方理论？"手下很纳闷，追问，"我们都知道您的口才不错，对方明明已经很强势了，您却几乎没有发表言论，也不反驳对方的观点，真搞不懂您的葫芦里卖的什么药。"

休息十分钟，商谈继续，对方代表认为应该是做最后决定的时候了，所以非常自信地询问："我们是否可以签约了？"

昆皓一言不发，翻看着对方的合同文件，表情严肃地沉默着。

"贵方没有表态，难道还有什么问题吗？"对方代表不满地询问。

又沉默了一阵，昆皓才缓缓开腔："抱歉，有些条件我们无法接受。"

昆皓继续翻看着那份文件，时间一分一秒地过去。

果然对方代表沉不住气了，态度有所缓和："或许，我们可以再商议一下！"

接着昆皓提出一些修改意见，然后继续神情凝重地沉默着。

对方代表开始有点慌乱了，他们不甘心之前的努力全部白费，最终决定降低自己的要求："好吧，我们可以适当让步。"

面对能说会道、态度强硬的对手，昆皓知道针锋相对地硬碰硬是行不通的，一开始不管自己提出怎样的意见都会被对方反驳，而且容易激怒对方的情绪。所以，他采用沉默的方式应对，这一技巧使得对方的强势顿时失去用武之地，并且给对方造成一种心理压力，最终做出适当的让步。

为什么会这样？因为**一旦你保持了沉默，对方就会根据话语的进展和现场的气氛来分析你沉默的原因**：是在思考建议的可行性，还是完全不赞同这个建议？**同时，你的沉默会让对方感到焦急和不自在，开始积极寻找解决问题的方法，以便打破僵局**。这样一来，对方在心理上就处于了劣势。

对于这一策略，业内人士给出这样的定义："在商务谈判中，适时地闭嘴，放弃主动权，让对方先尽情表演，或者是多向对方提问，并设法促使对方沿着正题继续谈论下去，以暴露其真实的动机和最低的谈判目标，然后再根据对方的动机和目标，并结合己方的意图，采取有针对性的回答。"

沉默是一种无声的语言，它所表达的意义是丰富多彩的，能以言语形式上的最小值换来了最大意义的交流，"于无声处听惊雷，此时无声胜有声。"有时我们会遭遇流言蜚语，有时会被别人误解……不管何时何地，你无法左右别人的言论，与其声嘶力竭地解释，不如在沉默中反驳和抗议。

曼凡是一家公关公司的客户经理，她长得年轻漂亮，对工作也很认真，由于平时忙于工作，至今单身。不知从哪天开始，有人说她与一个有妇之夫关系不正常，渐渐地整个公司都知道了这件事，同事看她的眼神都带着试探和讥笑，就连一开始很重视她的部门领导，态度也有了微妙的改变。

曼凡试图和众人解释自己的一清二白，但也清楚这种事只会越描越黑。

很长一段时间，她感觉上班简直就是受罪，不知该如何是好，甚至想到了辞职。

"我明明什么事情都没有做，为什么大家这样说我？"曼凡委屈地和学姐哭诉。

学姐听完之后说道："无须理会！"

曼凡大惊："无须理会？我可连男朋友都没交过，就有这种谣言传出，以后我怎么在公司做人？怎么谈恋爱？"

"不用想那么多。"学姐解释说，"我刚参加工作时，由于工作勤勉，进入公司不到一年就被领导提拔为部门主任。遇到这样的好事，我心里自然是美滋滋的，但有些老员工心里不平衡，觉得凭什么好机会让资历尚浅的我'捡'了，于是私底下造谣我擅长溜须拍马，送礼走了后门。"

"那你是怎么做的？"曼凡问。

"我选择了沉默，既不表态也不辩解。谁爱说就说，我该做什么做什么。要知道那些说闲话的人就想看你气急败坏，你越是情绪平静，他们越觉得无聊，没多久他们的关注点就不在我身上了。当我通过工作表现证实自身能力之后，没有人再攻击和指责我，而是对我充满了敬佩和尊重。"学姐说道。

接下来，曼凡也开始对那些谣言"充耳不闻"，实在太烦的时候就拼命工作，还报名参加了业余培训。几个月后，果然如学姐所说，所有的谣言自动消散。而此时，曼凡的业绩倒是又上了一个台阶，人们提起曼凡，第一想到的不是"那个勾引有妇之夫的女人"，而是"我们公司最有潜力的女强人"。

说服不是不停地说，不是谁说得最多，谁就能占据优势，就能说服对方。说服也不是谁喊得响，谁能够压过对方的气势，谁就是胜利者。面对谣言也好，质疑也好，刁难也好，一个人越是滔滔不绝地辩解，越会引起人们的反感和愤怒，恐怕还会被人们误解为狡辩，如此自然也不可能说服别人！

很多时候，说服别人需要适时的沉默。说到底，说服本质上是一场心理博弈，谁先亮底牌谁就占劣势。有态度的沉默不是软弱，也不是妥协，而是一种鲜明的态度，一种无言的抗争，在你还未开口之前，他的内心就会产生倾向性，在一定程度上肯定你的言论，如此达成共识的概率会大增。

当然，沉默应该适度适时，万万不能滥用。否则，这场"没有硝烟的战争"就不知道要拖到什么时候，甚至还会彻底激怒对方，毕竟人的耐心都是有限的。

循序渐进方可如愿以偿

说服别人的时候,千万不能急于求成。

说服的实质是对被说服者的一种否定,是为了改变对方的思想、观点、行为等。每个人都有自己的想法、做法、活法,而一个人的思维惯性和既成偏见相当顽固,尤其是双方的目标存有较大差距,将自己的意志强加于人只会遭到强烈抵触。

此时,不妨采用循序渐进的技巧,有节奏地深入进行阐述。

这基于心理学上的"登门槛效应",指一个人一旦接受了他人一个微不足道的要求,为了避免认知上的不协调,或者想给他人以前后一致的印象,就有可能接受更大更多的要求。这种现象犹如登门槛时要一级台阶一级台阶地登,能更容易、更顺利地登上高处,即实现自己的说服目标。

这个效应源于美国社会心理学家弗里德曼和弗雷泽所做的一个实验。

实验者派出两位大学生去访问郊区的两个居民区,在第一个居民区,他们直接劝说人们在房前竖一块写有"小心驾驶"的大标语牌,这个标语牌非常占空间。结果,遭到很多居民的无情拒绝,接受率仅为17%。

而在第二个居民区，两个大学生先请求众居民在一份赞成安全行驶的请愿书上签字，这是很容易做到的小小要求，几乎所有的居民都照办了。两个星期后，两个大学生接着向这些居民提出竖牌的有关要求，与对第一个居民区的要求一模一样，这次居民们的接受率变成了55%。

这个实验启示我们，当希望说服某人做某件较大的事情又担心他不愿意时，切记不要开始就提过大过高的要求，应先提出一件类似的、较小的事情，然后逐步向其提出你的要求和期望，并一步一步不断缩小差距，对方就能相对容易接受，即使这是一项重大的、不合意的要求。

这一效应听上去不可思议，但生活中我们却无时无刻不受其影响。一走进商场或店铺，销售员一般不会直接让我们买这买那，而是热情地让我们随意看看，或者向我们提出试穿建议，并适时夸赞，于是我们不自觉地放松戒心，而且还会对商家产生一种好感，更容易接受对方的购买建议。

"登门槛"之所以产生效应，源自一种避重就轻、避难趋易的心理倾向。

回想一下，大多数情况下，你是不是也不愿意接受他人较高较难的要求？原因就在于，一旦做出承诺就必须付诸行动，而实现它却要耗费大量的时间和精力，并且还不一定成功；相反，接受一些较小的、较易完成的要求，举手之劳便能帮助他人走出困境，博得别人的好感，是不是更有成就感？

同时，我们的大脑活动也有一个循序渐进的过程，会在不断满足小要求的过程中逐渐习以为常，并使态度的改变成为一种持续的过程。

金鹏曾在一家企业担任过业务主管。每个月末的部门会议上，他的主要任务就是总结本月的部门工作，以及给每位下属布置下月的工作任务。布置任务的时候，金鹏并非所有人一概而论，尤其是对待新人总会适量减少任务量。

有些老员工曾质疑金鹏对新员工过于照顾，但事实上金鹏只是深谙"登门槛效应"，作为管理者不能一上来就对新员工提出过高的要求，急着要求新员工为公司创造多大的业绩，这是很难，甚至是不可能的事。一旦新员工因此产生工作压力或者抗拒心理，那么工作积极性就会大打折扣。

让新员工从一些小事做起，先适应一下工作内容，当他们达到小的要求后，金鹏再通过鼓励，逐步提出较高标准的要求，这样员工在心理上容易接受，因工作表现带来的成就感也会进一步激发他们的工作积极性，使整个工作状态变成一种正向的循环，预期目标就会更容易实现。

朋友的儿子抽象思维能力不好，数学几何学起来很吃力，成绩一直在60分徘徊，朋友为此十分焦急，要求儿子下次考试必须将成绩提高到90分，所有的题目必须都搞懂。朋友的目的当然是想激励儿子上进，却遭到了孩子的抵抗，孩子不但不听，还开始逃学。

对孩子期待和要求太高，孩子认为自己无论如何都做不到，自然就会想逃。后来在金鹏的一番建议下，朋友让儿子先不管成绩，而是保证把错的题都做对。这一目标比之前的难度小多了，孩子觉得自己能做得到，于是很有动力。当这一目标实现，孩子学习的积极性上来了，对数学几何也不再讨厌，成绩自然就上来了。

……

诸多的事实证明，**循序渐进方可如愿以偿**，这一方法尤其适合于那些十分固执的对象。有些人，不管你多么苦口婆心劝告，他都认为自己的想法是最有价值的。这时候，采用这种以迂为直的渐进式策略，可以步步深入地引导对方。无论是说服别人，还是商业谈判，都可借此实现预期目的。

渐进性说服基本上有两个环节：第一，你要设身处地地谈问题，要把别人的事情当作对彼此有利的事情加以对待；第二，在促使对方行动的时候，最好是让对方觉得这是他自己的主意，他才会心甘情愿做出改变。

当然，在运用"登门槛效应"时应该牢记"己所不欲，勿施于人"的道理，所提出的要求必须合情合理，千万不要为了个人利益而恶意利用他人。

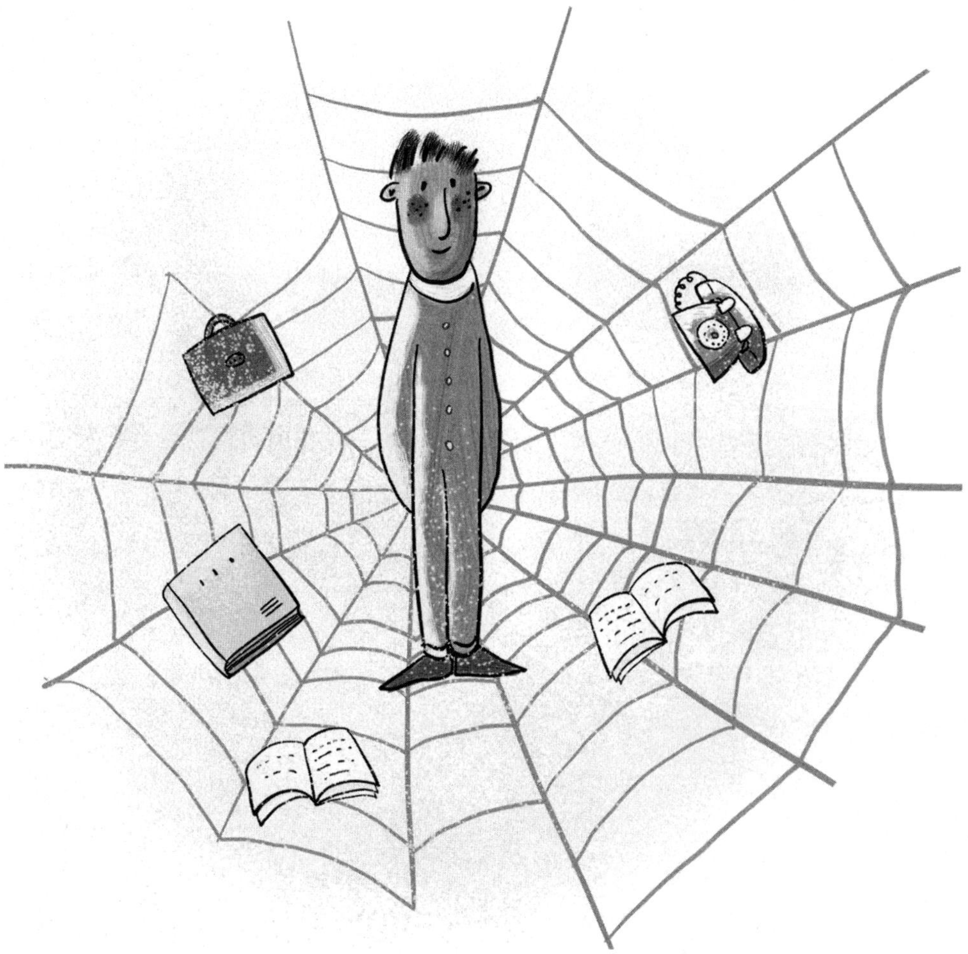

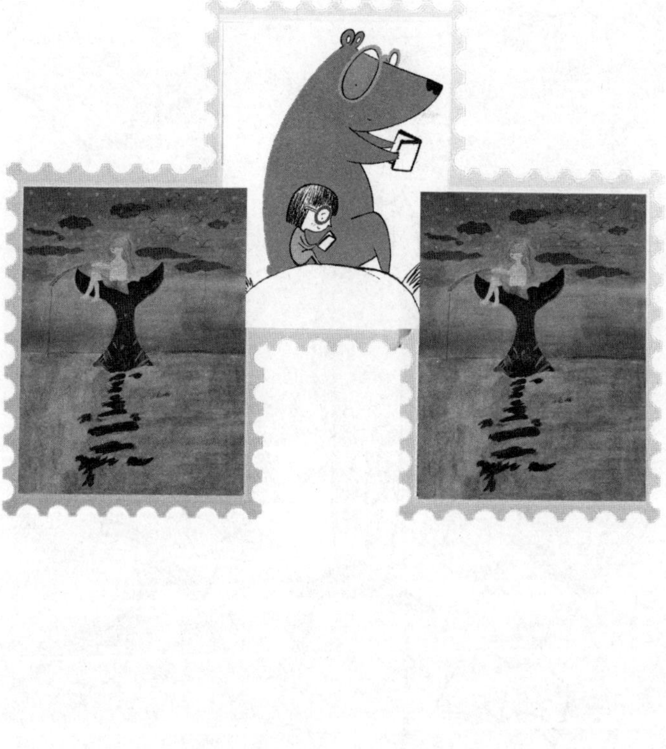

Part 7

情感共鸣是沟通的加速器

人与人之间的沟通，常常一句话说得让人跳，一句话说得让人笑。这听上去有些玄妙莫测，实际上是有迹可循的。这里的关键就在于，你是否知道该什么时候说、对哪种人说、用什么方式说、如何打动人心等。换言之，就是你的语言的背后，有没有满足人性的情感需求。

"我也是"——同病相怜最交心

人际交往中我们都会有一些偏好，比如更喜欢和熟人打交道，更喜欢与自己相处和谐的人，这些偏好在沟通中也会有所表现，并且起着至关重要的作用。

林黛玉和薛宝钗是《红楼梦》中典型的两个人物形象，她们之间一开始是有矛盾的，因为两人家庭出身不同，性格截然不同，一个柔情率直，一个圆滑世故。更重要的是，两人还是情敌。一开始相信许多人认定薛林两人肯定相处不好，也做不成朋友。然而，她们却成为最好的朋友。

这段关系的转折点是薛宝钗对林黛玉说的一句话："我和你都是一样，彼此寄托在贾府家。"对于贾家人来说，薛宝钗和林黛玉，一个是姨表亲，一个是姑表亲，都是亲戚，都是寄住。这种同病相怜的话语顿时消除了两人的心理隔阂，更有一种惺惺相惜之感，于是两人变得亲密无间起来。

人与人之间的相似性，会引出一种彼此喜欢、相互吸引的情绪或态度，心理学上把这种现象称为"相似效应"。这里的相似包括个性、态度、信念、爱好、经历等多个方面，这是双方感情共通的地方。"同是天涯沦落人，相逢何必曾相识。"这句古诗就恰到好处地点明了相似效应。

试想，当你和别人沟通时，一旦发现彼此有相同或相似的地方，你是不是会觉得互动过程会变得很愉快？你是不是会从中获得一种自我的肯定感和满足感，对自己更有信心？比如，如果你喜欢的是乡村音乐，那么和乡村音乐爱好者聊天会让你相信喜欢乡村音乐是对的，甚至可能是一种品味。

"物以类聚，人以群分。"三观相同的人，更适合做朋友。相信，这是很多人信奉的一个理念。所谓的三观相同浓缩到生活中，就是聊得来，有共鸣，有契合点。

在人际沟通中，若想获得别人的好感和支持，你可以适当地利用心理学上的"相似效应"，**寻求与对方的相同或相似之处，先拉近彼此的心理距离，令对方产生一种知音的感觉，接下来的沟通就会顺畅许多。**

这正如美国总统林肯所说："假如你要别人同意你的原则，就要先使他相信，你是他的忠实朋友，即'自己人'，用一滴蜜去赢得他的心。"

明朗是某食品公司的销售员，他的日常工作就是沿街边小店进行铺货和销售。最近他接连几天拜访一家超市，都被店老板拒之门外，"我不会买你的货，不要烦我。"

明朗不想错失这个客户，了解到店老板是失业后自主创业开了这家超市，他静心思索后再次拜访。这次明朗是以顾客身份出现的，"您好，我买瓶水，有点口渴。"

有顾客上门，店老板自然不会拒绝。

在喝水的时候，明朗趁机对店老板诉起苦来："我知道你对我没有什么好感，其实我也不喜欢做这份工作，经常日晒雨淋不说，还遭人白眼。但真的是没办法，我失业半年多了，老婆又刚生完孩子，不努力赚钱不行。"

"哦？"店老板接茬了，"是啊，混口饭吃不容易！"

就这样，两个人聊了十多分钟。

明朗站起来准备离开，这时店老板叫住了他："你有多少钱的货？"

"四百多，不多。"明朗回答。

"都留下吧！"店老板连货物的价格、品种都没有问，就让明朗把货留下了。

"真的？"明朗一副不可置信的表情。

"真的。"店老板肯定地回答，然后解释道："我也是失业不久才开的这家小店，大家同是天涯沦落人，都不容易。你这些货物我先留下，就算是互相帮个忙吧！"

为什么店老板的态度发生了三百六十度的大转弯？究其原因，就是"相似效应"起到了作用。明朗的诉苦引发店老板的理解和同情，他们两个人都是失业再就业，通过这一点相似性与老板在情感上实现共鸣。

实际生活中，我们会发现有些人几乎和所有人都能聊得来，这倒不是因为他们口才厉害，或是处事圆滑，而是他们深谙"相似效应"的妙用。"我也是"是他们经常说的一句话，"最近你心情不好，我也是""不瞒你说，我也曾被人欺骗"……这就主动创造了一个能与对方产生共鸣的交往情境。

这也就是我们常说的"见人说人话，见鬼说鬼话"，在诸多的沟通技巧中，也许你经常听到这句话，但是你真的理解它的含义吗？

在"相似效应"的影响下，"见人说人话，见鬼说鬼话"不是溜须拍马和阿谀奉承，而是在沟通之前做好准备工作，清楚与自己对话的人的身份。这里的身份包括职业地位、性格、交谈的喜好、文化修养等方面，然后站在对方的角度上去理解问题，去组织语言，灵活应对各种角色。

比如，与朋友说话真诚自如、与上司说话敬重有加、与下属说话亲切自然。

比如，与年轻人交流时，适当采用一些富有激情甚至是煽动性的语言；与中年人交流，应讲明利害，供其斟酌；与老年人交流，应以商量的口吻，以表尊重。

比如，对方性格直爽，便可单刀直入；若对方性格内向，则要"慢工出细活"。

人与人之间的关系错综复杂，就像是一张纵横交错、没有规律的网。但如果仔细观察，就会发现有一条或数条线联系着每一对不相干的人。这条线有的长，有的短，它代表着两人的关系。这条无形的线，其实就是指某种关系，你们彼此之间能够产生关联的点，这是认同效应的基础。

在沟通过程中，如果你能克服以自我为中心的弱点，依据对方身份有选择性地"输出"语言，那么往往就能轻松突破对方的警惕意识，无形中满足对方被尊重、被认可的心理。进而，快速与人建立初步关系，达到深谈目的。

两个人越相似，越容易互相吸引。说白了，这就是一个寻找归属感的过程。这就形成了一个循环：因为相似，我们靠近。我们更知道对方需要什么，我们应该给予什么。也正是因为自我的完全释放，我们拥有了归属，这种熟悉和安全的感受使得我们更喜欢自己，也更能畅所欲言。

动情的言语最能拨动人的心弦

有一句话说:"人的心和降落伞一样,必须是开的才有用。"

心理学上认为,我们每个人的思想深处都有内隐闭锁的一面,同时又有希望获得他人理解和信任的通达开放的一面。然而,这种开放是定向的,即向自己已经基本了解、可以信赖的人开放,对不了解的人则有所戒备。

很多人都有这样的感受:在沟通过程中,无论自己怎么说,说什么,对方好像都提不起兴趣。看着"死气沉沉"的对方,自己的情绪自然也越来越差,最后寥寥几语、一两分钟就结束了谈话。为什么会如此?这是因为——你的谈话没有感情,没有感染力,自然无法吸引别人并引起共鸣。

沟通是通过语言,实现思想、感情的传递和反馈的过程,以达到思想一致,情感通畅。没有感情,沟通是很难进行下去的。对方都感觉不到你的热情,那么又怎么愿意和你交谈呢?又怎么能够敞开心扉呢?在重要的场合,当我们希望通过语言吸引别人时,却发现原来自己的话并没有人愿意听,谈话气氛疏远沉闷,到那个时候已经为时已晚。

吴伟是一名理财顾问，凡是和他交谈过的人，都能感受到他身上强大的气场。他表述明晰、分析理性，总能一针见血地指出问题所在，看起来非常专业可靠。但奇怪的是他的业务量非常低，因为他总是一副不苟言笑的表情，说话几乎没有一丝情感起伏，让人亲近不起来。

"他说话总是冷冰冰的，让人难以接近。"

"他从来没有对我笑过，他只是想赚我的钱，对我的事情没有兴趣。"

"这个人好像没有感情，让我怎么能信任他？"

……

在沟通中，语气一定不能冷冰冰。即使对方是陌生人，也不可冷漠，否则就阻断了继续沟通的路。尤其当你准备与别人进行深入交谈时，更要带着感情去交谈。人心是最神秘莫测的世界，却是可以被语言所打动的。只有饱含情意的语言，才能引起别人的共鸣，甚至感动别人，达到沟通目的。

一位盲人在街上乞讨，身旁立着一块木牌——"我什么也看不见。"

路上行人来来往往，可是很少有人施舍。

这时一位诗人拿起笔在木牌上加了几个字——"春天来了，我什么也看不见！"

接下来，行人纷纷慷慨解囊。

经诗人修改过的一句话竟有这么大的魔力，原因何在？

这句话的魔力在于它有非常浓厚的感情色彩。春天是美好的，但这样的美景，对于一个双目失明的人来说却是虚设，这是多么悲惨！当人们想到盲人眼前一片漆黑，一生中连春天都不曾见过，怎能不产生同情之心？

日本丰田汽车的创始人丰田喜一郎曾说："在这个世界上，什么样的言语能拨动他人心弦？有人说思维敏捷、逻辑严密的雄辩；有人说声情并茂、慷慨激昂的陈词……但是，这些都是形式。我认为在任何时间、地点，和任何人沟通，始终起作用的因素只有一个，那就是真诚。"

语言的作用是沟通，沟通的目的是达成共识，达成共识的最高境界就是打动人心。情感是交流思想的秘方，是决定问题的诀窍。**真情至，理便通。**

林怡是一家超市的销售，主要负责甜点柜台，她的业绩一直非常突出，也深受顾客的欢迎。虽然她不懂什么推销技巧，却知道只要自己真诚，尤其是与客户说话的时候，能让对方感觉到舒服和温暖，就一定能赢得客户的信任。所以，不管遇到什么样的客户，她都用最好的态度服务。

一天，一位女士来到林怡的甜点柜台，林怡立即面带笑容迎了上去："您好，请问您需要买点什么？"

这位女士可能心情不好，冷冷地回答："不买东西，就不能看看？"说完转过身去，不再理会林怡。

"当然可以，您随便看。"林怡微笑着，客气地回道，"如果有需要，随时叫我。"

这位女士也意识到自己刚刚的态度不好，"嗯"了一声没有再说什么。过了一会，她叫住了林怡："你可以给我介绍一下吗？我想给朋友的孩子买些蛋糕！"

林怡立即上前，和颜悦色地说："姐姐，您可以看看这边柜台的蛋糕，味道非常不错，而且含糖量少，很受小朋友的喜欢。您也可以品尝一下……"说完，她戴上一副一次性手套，娴熟地为这位女士精心挑选了一款蛋糕。

这位女士品尝之后赞不绝口，随后购买了几种，"不好意思，刚才我的态度不好。"

林怡笑着说："没关系，谁都有心情不好的时候。不过，我听说心情不好的时候，吃些甜食会让心情变好，而且女人保持心情好才能一直美下去！"

这位女士的脸上终于有了笑容："谢谢你对我一直这么客气，我的心情好多了。你再给我挑一些蛋糕吧！这些留着我自己吃……"

就这样，林怡的真诚热情打动了女顾客的心。

正所谓：精诚所至，金石为开。很多时候，情感比任何东西都能打动人。

沟通中的语言是带有感情的，有时明明同样的一段话，为什么有些人能演绎得千姿百态，令人情绪高涨，有人则只是念台词一样，让人索然无味？区别就在于感情成分的多少。人与人之间的沟通，你的面部表情、你的说话声音等处处暴露着你内心的态度：是真诚和关心，还是虚伪和排斥。

在沟通过程中，当你从感情上下功夫，多讲动之以情的话，往往会给别人一种感觉——我愿意向你敞开自己的内心！这会让对方有一种被信任感，进而情不自禁地放下对你的猜疑和戒备。很多刑事案件当中，警察在面对犯罪分子时用的就是这种方式，触动对方内心最柔软的地方，进而唤醒良知。

一句"我理解",就是最好的安慰

前几日闺蜜失恋了,窝在家里一直不愿出门,情绪低落到了极点。小薇看见闺蜜这个样子很是担心,于是不停地安慰:"没事的,一切都会过去的""他就是一个渣男,为了这种人折磨自己不值得""别哭了,你会遇到更好的"……可是感觉闺蜜没有听进去,对自己的态度也很冷淡。

妻子最近因为一个项目上的失误很郁闷,小崔却不知道说什么好,担心在屋里走来走去影响妻子心情,就在房间里默默做自己的事,可妻子却指责他是冷血动物。小崔好心建议,"早知道这个项目难搞,你还不如不接,事已至此,别多想了。"妻子却开始了冷战,弄得小崔一头雾水。

……

为什么好心好意安慰别人,对方却不领情?

这源于我们不懂得在对方需要的时候如何安慰,更准确地说是我们的安慰方式出了错。表面上,我们是在向对方表达自己的关怀与担忧,迫切希望帮助对方调整情绪,但有时我们给予的却不是对方需要的,结果往往适得其反。

当愤怒、失望、恐惧等负面情绪上来的时候，一般挡也挡不住。此时我们渴望被人听见，被人理解，希望与人分享自己的想法、感受、担忧、快乐、麻烦等。有时候我们只是想说一说，倾诉一下，却往往收到大量的建议，你该想什么、该做什么、该有什么感受，这些都会导致情绪强制暂时中断。

当一个人的情绪和感受无法表达，是一种怎样的感受呢？

试想，当你因工作一筹莫展时，有人却洋洋洒洒摆出一堆道理"谁的工作容易，为了钱要忍耐""树挪死人挪活，不喜欢就辞职，换个工作就好了"……这些说法听起来也没有错，但你是不是会觉得对方只是敷衍自己，根本不想真正地提供帮助，不了解自己的痛苦是什么，于是越听越郁闷？

安慰别人时提建议，是堵住别人嘴最好的方式。为什么会这样？因为我们每个人都是独立的个体，有自己的想法与决定。找别人倾诉的时候，我们往往寻求的不是一个多么明智的答案，除了内容信息层面上的表达，我们更需要情绪情感层面的接纳、认同和理解，一个宣泄和释放的途径。

设身处地地想一想，当你心情不好的时候，希望别人对你说什么？

子昂收到一位朋友发来的语音："本命年是不是一定会倒霉？"

子昂一时间无法作答，毕竟这只是一种迷信说法。

"据我了解，今年是你的本命年。"子昂询问，"你遇到什么问题了吗？"

朋友深叹一口气，说自己创业失败。

子昂没有多过问什么，只是说，"如果你需要听众，我随时都在。"

"为什么我付出了那么多，还是得不到自己想要的结果？当初我不顾家人的反对，放弃了原本安稳的工作，坚持开了一家服装店。我花了整整半年时间学习培训，每天认真地铺货，但每个月除去开支所剩无几，我实在坚持不下去了，我觉得生活没有意义……"朋友絮絮叨叨说了一番，语气有些微颤。

创业失败肯定会意志消沉，安慰也没有什么办法，说多了只怕起到反作用。于是，子昂没有朋友和讲什么大道理，而是采取了更好地表达，"我很担心你，你知道吗？你现在的心情我非常理解，也能懂得你的感受……"这让朋友知道子昂是真心地关心自己，内心顿时生出一份温暖。

"你想说什么就说什么，我一直听着。"子昂轻声说道。

朋友停顿了一会儿，继续说道："其实我知道家里人也很担心我，但是我不想让大家看不起我，更不想认输，但这种硬撑着的感觉太糟糕了……"

"我理解，你现在的心情很矛盾吧？"子昂询问。

"是的，确实如此。"朋友长叹。

"不过家人永远是我们的后盾，我知道他们一直默默支持我……"絮絮叨叨说了半个多小时，朋友最终由衷地说道："谢谢你，说了这么多，我好受多了。"

从头到尾，子昂并没有告诉朋友应该怎么做，也没有评价对方的感受和遭遇，而是给予适当的倾听，并表示了理解和同情，如此对方的情绪就缓解了很多。

心情郁闷的时候，相比一个说教者，人们其实更需要一个倾听者。

"是的，你此刻的感受我懂。"

"你说的这些，我想我了解的。"

……

这些才是真正有效的安慰，因为它们不是判断性的或控制性的，而是站在对方的立场上，设身处地思考对方遇到的问题，理解别人此刻的情绪、需要、意图等，这会让倾诉者感到一种被倾听、被重视、被认可，并意识到自己处于一个安全、友好、有爱的倾诉环境当中，进而使情绪得以充分释放。

很多时候，只有身在其中的人才知道自己正在经历着什么。当我们真正理解了这点，就不会在安慰他人时大聊自己的经历和学识。拥有共情力的人心里装的全是对别人的理解，可以全神贯注倾听、理解对方的内心；可以放下自我中心，站在对方的角度考虑问题，这比什么安慰都重要。

一个喜欢跳舞的女孩，因病即将失去双腿，"别哭了，勇敢些！""未来等着你。"……面对众人的鼓励，她无动于衷。戴安娜王妃把女孩搂进怀里，轻轻拍着她的背说："孩子，我知道你一定很伤心，痛痛快快地哭吧，哭够了再说！"女孩一下子泪如泉涌，她觉得最能理解她的人就是戴安娜王妃。

真正懂得安慰的人是有力量的，他们会设身处地理解别人的境况，用对方最需要的方式进行安慰，这种理解与支持带给对方的是新的重生机会，也是自我心智蜕变与成熟的过程。

赞美的话是蜜糖，最能捕获人心

一切生命活动都需要能量，身体的能量主要来源于食物，一日三餐，按时进餐。当我们感觉自己饿了，即使不是用餐时间，也会给自己弄点吃喝。如果一个人连续多天不吃饭、不进水，那么生命就会渐渐走向衰竭。精神世界也是一样，也需要能量的供给，以此来维持精神生命存活下去。

精神世界需要什么能量以保持活力呢？肯定和认同。

王鹃是一名农村中年妇女，她极其不爱说话，平时常常低头做事，有时在厨房做一日三餐，有时清洗大大小小的衣服……二十多年来她辛苦地照顾一家人的生活起居。在全村人眼中，她是一个好女人；在公婆眼中，她是一个好儿媳；在丈夫眼中，她是一个好妻子；在孩子眼中，她是一个好母亲。

但这些都是他人心中的想法，这些年王鹃心中总是郁郁寡欢。因为，她每天从早到晚忙得腰酸背疼，却没有一个人夸赞过她，似乎这些都是她应该做的。她越发觉得自己委屈，辛辛苦苦为了这个家操持，却没有谁在意过自己。"这日子没法过了。"王鹃毅然决然地"罢工"了。

厨房里冷锅冷灶，闻不到一丝油烟的味道；每天都有一堆又一堆的脏衣服，房间变得凌乱无比……家里的气氛压抑，这是一个长期得不到赞美的女人所做的反抗。家人们这才意识到王鹃的价值，但尽管他们苦口婆心地再三道歉，王鹃始终都不为所动。

"现在才知道，你以前多么辛苦。以前我总觉得自己是家里的顶梁柱，原来你才是，你对这个家太重要了。"王娟的丈夫有感而发。当丈夫说完这句话后，他惊喜地发现，王鹃居然冲他笑了，甚至还哼起歌。之后，王鹃又恢复了往日的勤劳，而且脸上还多了笑容。

所有语言中，最让人舒畅的是赞美，如同阳光之于世间万物。

科学家们曾经做了这样一个实验，他们找来两盆同样盛开的花，然后把它们放在不同的地方。每天早晨，科学家对着其中一盆花大加赞美："你开的花真漂亮，又香又美，我们大家都喜欢你。"这盆花盛开了许久之后，又萌发几个大大的花苞，美得令人心动。而另一盆花则每天都要感受科学家的"辱骂"："你怎么长得这么歪七扭八，颜色也不好看，花也这么小，一点都不美。"几天之后，这盆花居然被科学家给说"死"了！就连一盆花都喜欢被人夸，更何况人？

为什么我们喜欢听赞美的话语呢？因为精神世界最需要的，也最渴望的东西就是获得来自他人的尊重和承认。而带有赞美意义的话语，正是我们对他人某种行为给予的肯定和奖赏，这输送的是一种正面的信息，包括尊重、理解与认同等，如此势必能给人带来一种积极、愉悦的心理感受。

在沟通过程中，有让你心生好感的人吗？把你和他们相处的日常迅速回忆一下，找找看这些人的共同点——发现了吗？这些人未必能言善辩，但无论在什么场合，面对什么样的人，他们一定都很会表扬和赞美别人，让人听了心情愉悦，就算再内向、再腼腆的人也会在心里沾沾自喜。

更神奇的是，当你对一个人表达赞美，或者传递积极的期望时，他就会朝着这个方向发展，进步得更快，发展得更好。"上学时，老师表扬我作文写得好，还说将来可能成为作家，然后我就成了作家""我只是说了一句'你做饭的样子真有魅力'，结果老公居然甘愿做起家庭煮夫"……

这是心理学上的"期待效应"，也叫"皮格马利翁效应"，指的是热切的期望与赞美能给人一种强烈的心理暗示，进而发掘一个人的内在潜力，在言行等方面达到所预期的要求。说服或改变他人，这正是沟通的目的。**沟通不提倡速成，但赞美是最好的捷径，可以一句话顶十句。**

赞美的话人人都会说，但并非人人都能说好。比如，有时我们会发出这样的赞美"你是个了不起的人""你很勤劳""你是个好人"，这样的话虽然也是赞美，但内容空洞，听起来有些敷衍了事。人有千面，没有谁喜欢千篇一律的赞美。如此索然无味，被赞美的人怎会喜欢？

因此，赞美一定要因人而异，突出个性。要知道，我们赞美别人就是为了让对方快乐，只有选择对方的"特别之处"，非同一般的"闪光点"，或不为人知或不易被察觉的优点，描述出具体的行为，这样的赞美才有针对性，才能真正夸到点子上，让对方喜上眉梢，并感受到我们的真诚。

邓珂是一家传媒公司的外联人员，在传媒圈，最难做的就是外联工作，可他却在短短三年内，在业界获得了诸多领导和客户的肯定和认可。

不少同事羡慕邓珂运气好，但他深知，自己的人脉积攒迅速的原因只不过是比别人多了一些小技巧而已。在职场打拼，很多人都明白赞美的技巧，邓珂对此更是运用自如。

比如，一个同事刚刚买了一件新衣服，大家围在一起夸赞合适、有型等，而邓珂一边仔细欣赏一边点头说："这件衣服剪裁得体，让人看一眼就觉得很有精神……"同事听了高兴地合不拢嘴。

再比如，一位领导业余时间喜欢写作，前段时间出了一本新书，一时间诸多的赞美声不绝，"您的书真是太棒了！""这是我看到最好的作品！""您的作品值得我们拜读和学习。"……面对大家的赞美领导一一答谢，但这样的赞美听得多了也就没有感觉了，他的脸上不由得显现出敷衍的表情。

而邓珂当时是这样表达的，"这本书的整体构思很巧妙，其中有一个细节令我印象深刻，您当初是怎么构思的……"这样的赞美既不会落了俗套，又能让别人体会到赞美时的用心。

当时领导的眼前一亮，拉着手和邓珂热情地讨论起来。

赞美的话是蜜糖，最能打动人心，这是一种最低成本、最高回报的沟通法宝。赞美的话语不在多，而在夸到点子上。只要用心观察，你总会发现别人与众不同的细微之处。而巧妙独特的赞美之声，就像甘甜的蜜水一样流进对方心里，为彼此之间的沟通打开一扇窗，让气氛更加融洽和谐。

与当面赞美别人相比，巧妙地换一个方式，借助第三方的口来表达自己的赞美，这种间接赞美往往要比直接赞美更具神奇效果。这是因为当面赞美难免有恭维、讨好的嫌疑，可能会引起别人的反感。而在人们的普遍观念中，第三方的话比较公正、客观，更能显示出赞美的真诚。

比如，职场上如果你当面赞美上司，那么上司或是同事可能会认为这是有意讨好，轻则引起上司和同事们反感，重则被人孤立，影响你的职场发展。可是如果你在上司不在场时，或是与同事、客户闲聊时，真诚地赞美上司，夸奖他的才华或是能力，那么效果就会不一样。当然，最主要的是赞美要适时适量，否则过犹不及。

钓鱼下对饵：你知道他要什么吗？

什么是沟通？为什么要沟通？就本质而言，我们之所以需要沟通，是基于彼此之间存有差异这一客观现实。与人沟通时，我们通常也带有一定的目的。比如，"我想让他明白，我真的很在乎他。""所有人都让我理解她，为什么她不理解我。""我希望他能尽快帮我处理一件事情。"……

发现了吗？与人沟通时，我们用得最多的一个字是"我"。

这说明了什么？不管你是什么人，也不管你在干什么，任何时候，你内心深处最关注的都与自己息息相关。通常情况下，我们习惯把自己放在首位或者很重要的位置。换位思考，将心比心，你是这种心态，那么你的沟通对象也是这种心态。如果非要让对方按自己的意图办事，必然会产生摩擦和分歧。

一位推销员向一位顾客介绍一件商品的优点，他一直喋喋不休地说，说得头头是道、口干舌燥，他希望顾客能够尽快下单，但是顾客却迟迟不做表态，甚至一点兴趣也没有。

到了最后，推销员无奈地追问顾客原因。

顾客回答："因为我自己不需要。"

"那您需要什么？"

顾客回答得很干脆："钱"。

这是一个典型的失败案例，因为推销员只想着如何将自己的产品卖出去，却没有考虑顾客为什么要购买产品，购买的理由是什么。他只想着自己卖了产品的好处，却没有想到顾客购买产品的好处。沟通是一种双向互动的积极反馈，最失败的状况莫过于：你说什么，对方都不感兴趣！

在沟通中，只有"有效果"和"没有效果"之分，你说的再对，可是对方丝毫没有兴趣，拒绝接收你想表达的信息。交谈原本应该是两个人的事，一旦双向的沟通变成了单向的说，那么沟通也就失去了本来的意义。

现代管理之父德鲁克曾经说过这样一段话："一个人必须知道该说什么，一个人必须知道什么时候说，一个人必须知道对谁说，一个人必须知道怎么说。"

一句简短的话语，道出了沟通的精髓——**关心你的沟通对象是谁，知道对方想要什么，这是确保沟通效果最核心的"秘密"**。一个人的沟通力好不好，不仅由口才所决定，还要看他是否关心沟通对象的目的。

生活中，我们所有人应该都知道这样一个事实：要想钓到鱼，其中最重要的东西就是鱼饵。因为不同种类的鱼生长环境不同，对于鱼饵的喜好并不相同。由此，若想钓到鱼你就必须得站在鱼儿的立场上去思考它们喜欢吃什么，选对鱼饵才有可能钓到鱼。

没人会拒绝一个关心自己的人，如此对方自然会对你的话语感兴趣，给予你好感和信任。

姜维大学毕业后回老家开了一家甜点店，一开始许多人都替他感到惋惜，毕竟他的能力不错，而且大城市的机会很多，就算是打工，收入也会高一些。令人意想不到的是，仅仅用了三两年的功夫，姜维就将这家甜点店开成了连锁店，还与一些高级饭店进行合作，成功拓宽了业务渠道。

说起自己的经营秘诀，姜维直言不讳地说："如果我的成功有秘诀的话，就是表现出对客户利益的关心，甚至做到比客户更关心他的利益。每一次用这样的方式去交谈，我总能博得客户的好感，令客户不知不觉卸下心防。然后我再真心相谈，开出诚心的条件后，一桩生意就做成了。"

期间有一位非常固执的经理，经营着当地一家比较知名的旅店，是姜维重要的目标客户。一连半年，公司的业务员们轮番上阵，有人参加该经理的社会聚会，有人甚至在该饭店订房间住下，以期做成这笔生意，但都以失败告终。得知情况后，姜维决定亲自出马，会一会这根"难啃的骨头"。

一见到这位经理时，姜维没有急着推销自己的甜点，而是先询问旅店的经营情况："据我了解，现在咱们本地新开了几家旅店，虽然和你们风格不同，但是对你们的市场冲击力不小，您为此一定感到焦虑吧？"经理是一个坦诚的人，没有否认这个事实，但他认为这和姜维没有关系。

"身为这家旅店的忠实粉丝，我希望能尽一点微薄之力。"姜维诚恳地说道。

"谢谢你，但你能做什么？"经理质疑。

"提供甜点，吸引住客。"姜维回答，"我们的住客大多是外地旅客，是在吃喝玩乐中享受乐趣的，无论是早餐还是下午茶，还是夜宵，如果我们皆能满足他们的胃口，减少他们订餐的麻烦，是不是会更好？"

"这倒是有些道理。"经理开始动摇，但依然犹豫。

"美的东西总是让人心情愉悦，精美的甜点会让旅店环境显得更高档。"

"我们的甜点销量很好，口碑也不错，可以提高你们旅店的知名度。"

"这可以给您带来一笔不小的利润。"

……

姜维仔细地为旅店经理分析这次合作能够为其带来的潜在利益，这些话就像丝丝甘泉，沁入对方心里。之后，姜维不仅啃下了这根"硬骨头"，还和对方建立起良好的朋友关系，合作非常融洽。

沟通之所以困难，是因为我们在过程中不仅要表达自己的观点和看法，还要让对方从中感到满足和满意，维系一种良好的交谈气氛，这才是沟通的难点。

别只顾着表达自己的目的，你站在对方的角度思考过吗？

在销售之前先想想客户最需要什么，在管理员工之前先想想员工最在意什么，和另一半沟通之前先想想他们的想法……在沟通过程中，以沟通对象的目的作为切入点，把注意力转移到对方身上，你就会发现，给他人带来的是发自内心的感动和信任，良好的沟通关系就可以如愿建立起来。

懂就好了，未必要说破

我们从小就被教育要做一个诚实正直的人，与人沟通时要把真实的话如实说出来，但这里有一个前提，就是在开口之前要顾及他人的尊严与感受。如果只管自己说得痛快，不管对方是否乐意听，惹来他人反感不说，还容易遭到记恨。一旦对方产生这种情绪，任何沟通都将无法继续。

有人把旧闻当作新闻分享，你立刻截和打击，"这个谁不知道。"

有人在西餐厅不会用刀叉，你发现后直言："你之前没来过吧。"

别人展示自己新买的包包，你则撇一撇嘴，"一看就是冒牌货。"

……

这种被人"拆台"的感觉好受吗？即使是实话实说，恐怕也没人会喜欢。而且，这种沟通方式与诚实并无关系，而是有人希望通过揭穿别人显示自己的独特性、优势性、权威性，这是一个人的表现欲。然而每个人都有表现的欲望，都希望获得他人认同，"拆台"无疑是生戳他人的软肋。

一个懂得共情的人，说话时会仔细斟酌，理解别人的感受，什么话该说，什么话不能说，**看穿不拆穿，看破不说破**。这不是一种虚伪，而是对他人的尊重与体谅。

"人成熟的标志之一就是能够容忍适当的谎话。"这是白贺信奉的一条原则。

与人沟通的时候，但凡有人愿意说，白贺总是很认真地听，一边听一边点头："这件事我没听说过""这您给我细说说""我得听您好好说说"……如果有人故意显摆自己，白贺也会听着，不会轻易拆穿别人。只要不涉及他看重的事情，只要不挑战他的原则，他就会积极地附和。

那些高谈阔论，白贺果真没听过吗？当然不是，白贺是一家大型报社的记者，每天接触的都是国内国外的一线新闻，长年累月，大小新闻可以说是无所不知。大多时候，他只要听了对方的开头，就知道后面的具体内容是什么，但是他从不抖机灵，会为对方保留那份"见多识广"的得意。

常言道："人情留一线，日后好相见，看透不说透，还是好朋友。"

当我们察觉了一个谎言，指责往往是最容易的，难的是：深度理解对方为何说谎。

一般来说，说谎的原因都是心理层面的。

比如，没有勇气承担说出真相的后果。当一个人缺乏足够的勇气，缺乏解决问题的能力时，往往就会倾向于说谎，来达到逃避和掩饰的目的。

比如，为了满足自身各种各样的欲望。很多人说谎是因为没有自信，担心被同龄人碾压和忽视。所以，他们会通过编故事、夸大自己的工资和资产等，来显示自己的能力，博得更多的关注。

没有人喜欢当众被人拂面子，况且大多时候，那个"内幕"或"谎言"，既不伤天也不害理，只不过是别人的一点伪装，为的是自我打气、自我安慰或者自我保护，好在人前维护自己的形象，甚至美化自己的形象。我们要想维系良好的人际关系，就必须要懂得不揭穿别人的道理。

秦欣是一名时尚杂志的主编，对各种奢侈品了如指掌，并且往往能够一眼辨别真假。这天她去参加一个小型的朋友聚会，一个年轻女孩不时地显摆自己拎着的包包是全国限量款，身上的连衣裙是高级定制款，还说这些东西都是男朋友送的，引得其他女孩一阵阵惊叹，纷纷羡慕她的幸福。

期间有人起哄说道："秦欣有一双能扫描奢侈品真假的眼睛，你要不要秦欣给你掌掌眼，免得你男朋友不识货，可能买到假货。"

女孩的脸有些涨红，急忙摆手说不用，并表示这些都是真品。秦欣仅仅扫视了一眼，就看出那些都是仿品。不过她没有点明，而是模棱两可地说："男友送的东西重在情谊，要我说，情谊其实比价格重要多了。"

女孩明明是在说谎，秦欣明明看穿了，为何不当众揭穿？就在于，秦欣考虑到女孩的年纪并不大，这个年纪正是爱面子的年纪，她虽然因爱慕虚荣而撒谎，但这并没有影响到别人的生活。如果自己当着这么多人的面揭穿她，这既会让对方难堪，也会影响双方的人际关系，大可不必。

"水至清则无鱼，人至察则无徒。"这句话就是教导我们对待别人要从宽厚的角度去理解，同时也是对我们自身状态的一种警示与反思。

《菜根谭》中也说："使人有面前之誉，不若使其无背后之毁；使人有乍交之欢，不若使其无久处之厌。"对于身边人做出的不妥之事，有时我们会一眼看破其本质，但是碍于对象、场合和时机，并不合适说破。**看破不说破，才会让人"久处不厌"**，无论走到哪里，都会深受欢迎。

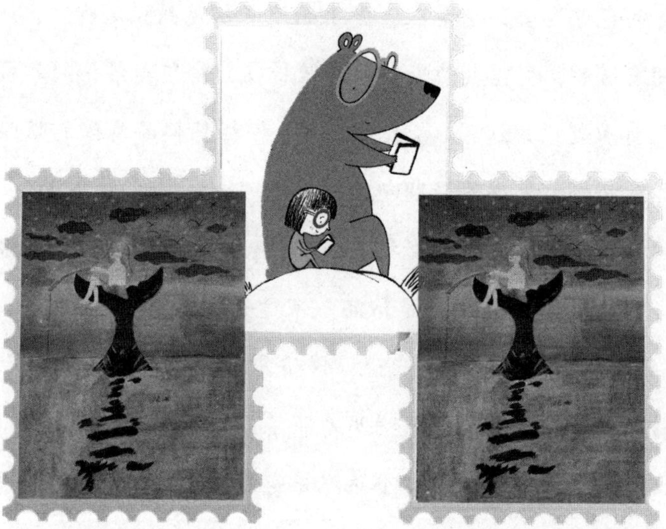

Part 8

我们生而不同，
求同存异才舒服

> "不同"是隔阂和矛盾的发源地，一旦用蔑视代替交流，或者用拒绝代替包容，就会引发沟通不畅。虽然人与人之间必然存在差异，但同时也存在共同的连接点，那些最擅长沟通的人，通常都善于挖掘自己与他人的共同点，通过共识消除彼此之间的隔阂，进而谋求合作共赢。

沟而不通，往往是因为互不知音

我们每个人都渴望顺畅和谐的沟通，你说的正好是我想的，交流过程中没有异议，没有矛盾，彼此同频，意见一致，其乐融融，皆大欢喜。

然而，世界上不可能有完全相同的两个人。因为原生家庭、文化积累、成长背景、人生经历等的不同，每个人都有独特的想法，看待问题的角度不同，对待事件的态度和处理方式也不同，更多的是区别、矛盾、分歧，可见沟通中的同频只是一种理想主义，是不现实的。

"你不要再说了，咱俩不在一个频率。"

"和你的交流，简直是驴唇不对马嘴。"

"我们不是一类人，无话可说。"

……

这就是所谓的"话不投机半句多"，与不同频的人沟通，很多时候注定会因观点难以相同、沟通太费精力而导致不欢而散。

千金易得，知音难求。这是否意味着，不同的人之间难以找到合适的话题，难以敞开心扉深入了解？当然不是，如果想实现沟通顺畅，达到沟通目的，我们就不能回避人与人之间固有的差异、矛盾、分歧，而是要把这些转化为沟通动力，努力发现对方话语中的合理性，尊重和接纳对方的观点。

无论与谁沟通，无论沟通什么，我们都应该弄清楚对方的需求，了解对方的所思所想。只要从对方的需求和兴趣出发，投其所好，我们轻轻松松就能做到同频沟通，营造轻松和谐的谈话气氛。

不会沟通的人，聊上几个小时，问题依旧是问题，陌生人依旧是陌生人。而会沟通的人，三言两语就能解决问题，甚至与陌生人很快成为朋友。他们是怎么做到的？答案就是投其所好。所谓投其所好，简而言之，就是了解对方的需求与心理，聊对方感兴趣的话题。

美国第 32 任总统罗斯福虽然身患残疾，人生的大部分时间都是在轮椅上度过，却被多次评为美国最佳总统，而且他是美国历史上唯一一位连任四届的总统。多年前，在一项"你最喜欢的人"民意调查中，罗斯福甚至比上帝的票数还要多，可见他的威望之高。

罗斯福为何如此深受爱戴？原因有很多方面，其中很重要的一点是，他总能让与他接近的每一个人如沐春风。无论是政客、外交家，或者野骑者、牧童，凡是前来拜访自己的人，他都能和对方谈得非常愉悦，而且他似乎无所不知，对每一个职业都很了解，连工作流程都很熟悉。

罗斯福是怎么做到的呢？答案极为简单，接待每一位来访者之前，罗斯福会在前一天晚上，了解对方的职业身份、特别感兴趣的话题，以便交谈时能找到共同话题。

投其所好，是赢得人心的秘诀，是有效沟通的前提。

道理很简单，与人沟通交流时，我们每个人都喜欢聊自己喜欢的、擅长的东西。当发现对方与自己有共同的志趣、共同的话题时，我们会对对方产生好感和信赖感。即使对方是陌生人也会一见如故。

一名艺术家想聊的话题必定与艺术相关，一位篮球迷想聊的话题必定与篮球相关……在开口之前先仔细地观察，寻找彼此兴趣、性格、阅历等方面的共同点，然后把这些共同点作为交谈的切入点。

这不是鼓励大家做见风使舵的人，而是让你通过沟通的同频共振，促进达成双方的共识。

我们强调共情的目的，就是为了与人达成共识。有人可能会质疑，这怎么会这么容易，即使是一母同胞的兄弟，也不可能在每一件事上都达成统一意见，何况是茫茫人海中两个毫无关系的人。注意，我们所说的共识其实是在某一方面能够谈得来，或者在某些地方有着相似点罢了。

这并非不可能，要找到一个和自己有七八分相似的人实属不易，但若找到与自己有二三分相似的人并不是什么难事。

在一次相亲活动中，双鱼小姐认识了狮子先生，虽然两个人年龄相仿，俊男美女，但性格却完全不同，双鱼小姐性格娴静，对身边的人很温柔，平时喜欢在家里看书、画画；狮子先生开朗霸道，有一种唯我独尊的劲头，更喜欢爬山、攀岩等挑战性活动……但出人意料的是，两人却牵手成功。许多人以为这是年轻人的冲动，但两个人却从恋爱到结婚，一直相处得和和美美。

享受到婚姻幸福的狮子先生曾对朋友们感慨道："刚一认识她时，其实我也觉得我们不搭，她性子太静，而且柔弱。谁知接触下来，我发现她竟然和我一样喜欢悬疑电影。现在我们每个周末都会研究一部悬疑电影，一起讨论故事情节，一起研究拍摄手法，有她陪伴，真的比一个人时好多了。"

而双鱼小姐对狮子先生也倍加欣赏："认识狮子先生之前，我都没怎么运动过，也不明白为什么有些人那么爱运动。狮子先生的体型很棒，我佩服他的毅力和坚持。后来自己找了一家健身房试了试，发现运动的感觉真不错。现在我每天下班后坚持健身，身体线条越来越好，整个人也精神了很多。"

每个人的眼光都有局限性，看人也经常如管中窥豹，这其实是很片面的。

人与人之间虽然有诸多不同，但也必然存在一些相似之处。何况，每个人都具有多面性，一个喜欢看文艺片的人，可能也钟爱恐怖电影；一个喜欢喝茶的人，未必就不爱喝酒。

换言之，人与人之间就算生活背景、职业特点、个性喜好等方面都有所不同，但只要你们身上存在一二分相似之处，自然也能营造出"知音"的好感度。这是一种欺骗吗？当然不是，哪怕就是这一二分，难道不也是你的真性情吗？

还是那句话，所谓"共识"其实都是谈出来的。与人沟通时，你要记住这样的事实：在各种争议当中，无论有多大的分歧、有多么尖锐的冲突，只要你找出和对方产生共鸣的地方，就能营造出一种情投意合的好感度，找到成功沟通的"金钥匙"。

当然，这只是沟通的初级阶段，随着交往的深入，连接点会越来越多，我们必须逐层挖掘、步步深入，才能让沟通越来越圆满。

寻求一个双方都接受的折中方案

我们每个人都是独立的，代表的也只是自己的思维。在沟通过程中，出现异议是再正常不过的事。甚至可以说，只要有沟通几乎必有异议存在。

当听到"异议"这个词时，不要急着以失败定论这场沟通。因为很多时候，当沟通对象嘴里说出"不"的时候，他们并不一定经过了充分的思考。他们或许只是怀疑，或许习惯于拒绝别人，但不管怎样，"不"是他们惯性的条件反射。如果我们轻易地下结论，那么异议将会变成事实。

所以，出现异议时我们应该牢记：即使想法再不同的两个人，也有互补互助的地方。这时，不妨寻求一个双方都接受的折中方案，给异议一个商量和调整的余地。

比如，和朋友计划一起旅行时，你提议了一个地点，而朋友说"不"，坚持选择另一个地方，你会立刻放弃商量吗？如果你转身就走，结果自然不欢而散。当然，大多数时候我们会试着商量，双方适当地做出让步，比如两个地方都去，或者重新选择一个地方，然后做出双方都满意的选择。

这个道理再简单不过，相信谁都明白。生活中的很多事情其实都有回旋的余地，在"不同"中创造"同"，这也正是我们沟通的初衷。而所谓"折衷"，就是调和太过与不及，使其适当合理。这源自我们内心的公平意识，如果双方给予的同样多，那我们就认为是公平的。

如果留意的话，你会发现折中方案出现的频率非常高，最典型的就是商业谈判。

唐姆是一名电影明星，拥有卓越的台词功底和精湛表演技巧，制片商卢卡斯看中了他，并与他签订了一个1年200万美元的雇用合同。唐姆很珍惜这次合作机会，为此推掉了其他工作。但意想不到的是，没多久卢卡斯的公司因资金周转困难陷入财务危机，一时无法履行这份合同。

唐姆想要拿到这笔钱，"我们已经签了合同，你们不能单方面毁约。"

"我们流动资金不足，无法支付给你，这份合同只能取消。"卢卡斯耸耸肩回道，"我很抱歉，希望你能理解。"

"我因为这份合同推掉了其他工作，这意味着明年没有收入，我如何维持生活？"唐姆不想让步，双方的分歧越来越大，争执不下，唐姆甚至找来律师咨询想通过法院解决问题。

只是这笔巨额的经济纠纷需要花费高昂的律师费，这不禁让唐姆心头一紧，他不想支付这笔律师费，而且官司的胜负不可预测。认真思索一番后，唐姆向卢卡斯提出建议，"虽然你没有足够的流动资金，但据我所知你拥有好几套不动产，你可以卖掉它们抵钱。"

"实不相瞒，我已经在卖了，只是这些钱我想用在新电影上。如果新电影可以卖个好票房，我的资金也就慢慢运转开了，到时我们的合同也有继续的可能。"卢卡斯回答。

卢卡斯并非偷奸耍滑的商人，他目前的困境的确不容乐观，于是唐姆再次向卢卡斯提议道:"虽然我们的立场不同,但我们目前的目标都是赚钱。如果我们能在相互信任的氛围里分享信息、感觉和需要,也许可以找到一个让大家都满意的方案来解决目前的问题。"

唐姆的开诚布公让卢卡斯感受到了诚意,于是他们决定心平气和地坐下重新谈判。最终他们达成了一个折中方案:唐姆依照合同履行自己的责任,所获的总报酬不变,但是支付期限从 1 年变为 5 年。这期间,卢卡斯只需每年向唐姆支付 40 万美元就可以了,这样既解决了卢卡斯资金周转困难的问题,也保证了唐姆在 5 年间能有一份稳定的收入,而且可以拿到 0.5% 的电影分成。

这个方案之所以能够达成,建立在唐姆和卢卡斯深入了解对方需求和动因的基础上,最终双方既达成了自己的目标,又满足了对方的要求。试想,如果他们只考虑自己的感受和处境,费尽心思争夺各自的利益,那么这场谈判将陷入扯皮纷争,最后双方都得不到满意的结果,只会两败俱伤。

可见,一个折中的方案比无限期的讨价还价更能促成沟通的结果。

在沟通过程中,不要被表面的"异议"蒙蔽,要知道对方愿意坐在一起交谈就意味着彼此之间存在合作的基础和可能。我们也永远不要忘记沟通是一种交流方式,找到对方需求背后的动因,并充分利用这一动因机智应对,将沟通拉入到正常的轨道中来,才能顺利达成自己的目的。

虽然适当的"折衷"有助于达成共识,但在运用过程中还是要注意几个方面。

折中不意味着从正中间分开,"一刀切"是最简单的折中方法,但是这种方法太过潦草且缺乏诚意,通常不会管用。

例如,姐姐和弟弟为了争夺一个鸡蛋争吵不休,妈妈担心这样的争吵会破坏姐弟之间的感情,于是不进行任何询问,一刀将鸡蛋切成相等的两半,分别把半个鸡蛋分给两个孩子。可是这个结果并不是孩子们想要的。那妈妈应该怎么做呢？在做决定之前不妨问问孩子们的需求，一个孩子喜欢吃蛋黄，而另一个孩子喜欢吃蛋白，那么将蛋黄和蛋白分离，就能同时满足两个孩子的需求。

折中的幅度不能太大，不能一下子把所有利润让掉。人性都是贪婪的，一旦你这样做，对方就会不停地提出要求。你可以分几次逐步折中，即使你只做出了很小的让步，只要时机得当，就可以产生很好的效果。

不要主动提出折中方案，最好鼓励或引导对方提供折中方案，让对方获得成就感。

折中的理由要充分，讲清楚其中的前因后果，让对方感受到你是出自诚意才这样做。

谈资可以多样，但情感必须一致

沟通是社交的重要形式，不管我们喜不喜欢都不可避免地要参与进来。不同的是，有人在沟通中旁征博引，滔滔不绝，几乎什么话题都可以聊上几句；有人却更倾向于谈自己了解且擅长的话题，当面对不了解、不擅长的话题时，情愿默默待在一边，或者干脆离开。

"我不懂这些，也没有什么可说的。"

"既然聊不到一起，那就不聊，多大点事。"

……

这些做法虽然称不上错误，但是沟通是我们了解与接受事物的途径，也是我们与外界产生联系的工具。如果我们只谈论自己喜欢的话题，融入不了多元性的交流，内心渐渐地会趋于封闭，对他人及外界产生防备心理，甚至出现回避社交的行为，外在表现为自卑、沮丧、焦虑、孤僻，等等。

每个人的世界都是以自己为圆心展开的圆，生命的意义是为了看到更大的世界，而这正是沟通的意义所在。即使与某些人没有共同语言，即使在某些方面不擅长，我们也没有必要拒绝沟通，因为任何一种沟通都包含着两方面的信息，即语言和情感，而且情感是重中之重。

人是情感性动物，不论是在认知、行为还是社会组织的任何一方面，都会受到情感的驱动和影响。甚至可以说，我们日常中所做的一切都充斥着情感因素，沟通的质量受到双方的沟通意愿、状态、情感与技巧的影响。一旦在情感上实现了顺畅交流，以点带面或由此及彼，沟通就能成功。

与人谈话时，如果我们所传递的信息是一种善意信息，一旦对方真切地感觉到，并在情感上认同了我们，那么接下来的交流将会变得容易。想想看，你是说服闺蜜一起旅行更轻松，还是说服一个普通朋友一起旅行更轻松？肯定是说服闺蜜要容易一些，因为她在情感上早已认同了你。

再比如，在常见的招聘会上，成百上千的面试者中，符合条件的未必只有一人，经过层层筛选之后，或许会有很多个选择摆在面试官的面前，从硬件上来说，不管面试官选择哪一个，他们都足以胜任这个岗位。既然如此，面试官自然会选择自己更有好感，情感更为偏向的那一个。

也就是说，沟通中的谈资虽然多种多样，话题也可以天南地北，但是情感上的共鸣却可以有效消除这些不同，瞬间打动人心。在心理学研究中，"情感共鸣"又称"情绪共鸣"，是指我们在与自己一致的外在思想情感或其他刺激影响下而产生情况相同、内容一致的心理活动。

一个再理智客观的人，也不可能完全不受情感的影响，先和对方在情感上"结盟"，那接下来就该步入正题了，所谓的正题就是我们沟通的目的。

情感认同的表达方式多种多样，几个方法可供参考。

沟通中，一定要认真倾听对方。请注意，这个倾听不仅要聚精会神地看着对方，还要在口头上给予及时的回应，或者用点头、诚恳地注视等方式来回应，或者可以针对对方话语中的内容提问，来表现出你对对方的重视和尊重。即使你们性格迥异，爱好不同，对方也会对你打开心门。

多肯定对方的情绪，并跟着对方的情绪而发生变化。对方讲到紧张的地方，你随之而紧张；对方讲到快乐的地方，你也随之而快乐。当对方因为被朋友背叛而愤怒时，对对方表现出的情绪表示理解："我理解你的感受，被信任的人伤害非常痛心。"如此，对方对你的印象和好感就会提升。

还有一个简单的方法就是模仿你的沟通对象，在沟通过程中，有人常会把手放在口袋、摇摇头、动一动手指等，这时候就是最好的模仿机会。如果想让对方对自己有好感，只要做和对方相同的动作就可以了。这是人体本能的驱使，在进化的过程中，与人保持一致会让我们更有安全感。

情感认同的表达方式还有很多，但说到底，这是既考虑自己又关心他人，同时又立足于当前情景的，对所面临的问题作出的积极反应。

在这种情感共鸣的气氛中，参与者们会感到被认同、被尊重，大脑加速分泌多巴胺，对这次沟通印象深刻，并且回味无穷。这就好比我们同一位美丽的女士谈话，会自然而然地身心愉悦。一旦形成这种良性沟通，无论是短期的沟通目标，还是长期关系的维护，都不会是难办的事情。

沟通的本质就是解决问题

沟通是信息的传递、情感的连接，是将自己内心的想法，通过适当的逻辑和语言组织起来传递给沟通对象，然后达到预期的、特定的目的，比如给别人留下的美好深刻的印象，改变他人的行为、思想或性质，这是沟通的基本目的。本着这个目的进行沟通，才算是一次成功的沟通。

道理听上去很简单，但不少人经常犯以下三个错误：

第一，沟通前不明确自己的目的，自己也不知道说什么，别人往往更难以明白，自然也就达不到想要的目的；

第二，只顾表达自己的意志和愿望，忽视对方的心理感受及反应，啰哩啰唆说了一大堆，对方不感兴趣或不解其意；

第三，聊得特别好，自以为对方已经了解和接受了自己的想法，沟通后未确认目的是否达成，结果对方曲解了本意。

彭京目前在一家广告公司做设计师，这段时间领导给他布置了一个任务，跟合作商共同推出一款新产品。但彭京发现这个项目存在重大风险，不能按照领导的原思路操作，需要改变产品的合作模式才行。谁知道当彭京向上汇报时，领导完全不愿意听，坚持按原合作模式推进，还把他批了一顿。

彭京为此感到委屈和不满，抱怨领导独断专行，丝毫不听取自己的意见。

"你这次去找领导沟通，是想达到什么目的？"朋友追问。

彭京愣了一下，回复说："将实际情况反馈给领导，我跟他说，'这个项目有难度'……"

听到这里朋友懂了，这次沟通失败的原因在于，彭京没有带着目的去沟通，只是想跟领导陈述一下事实。"这个项目有难度"，在彭京陈述事实的时候，领导是带着自己的假设理解的，听到这句话很可能会误以为彭京想避难就轻，不愿意执行这项任务，自然也就不想听他继续叙述下去。

在沟通过程中，传递信息的一方不能一味依赖另一方的理解，因为你的感觉和需求往往并不能够被另一方清晰地感知。为了改变这种状态，必须带着某种明确的目的性来沟通。

在和领导沟通的时候，如果彭京一开始先抛出自己的沟通目的："领导，新产品的开发我已经跟合作商在全力推进了，但推进过程发现存在一些风险，想跟您汇报下是继续按原思路推进，还是换一种合作模式？"听到这番话，相信领导一定会耐心倾听，并且绝对不会曲解彭京的意思。

一个朴实的建议是：沟通之前，你可以在随身携带的笔记本上写下本次沟通的目的，然后站在对方的角度思考，对方会接受哪种沟通方式？话语是否清楚明白？对方真的会理解你吗？每次沟通结束后，采用一种征询的方式确认下沟通目的是否达成，比如"你觉得这样做可以吗？"等。

为什么我们要从对方的角度考虑问题？大多时候我们之所以需要沟通，往往就是因为彼此观点不一致。**而沟通的目的就是在两种不同的观点中找到契合点。**这里没有捷径，只有当我们不把中心放在自己身上，从别人的角度考虑问题，真正了解对方的需求，才能针对性地做出合理回复。

比如，当发现个别员工绩效下降，缺乏斗志的时候，有些领导本想激发员工的工作积极性，却不思考沟通的方式，可能会说："你最近怎么搞的？你要打起精神来好好做！"这是把自己放在了员工的对立面，员工感受到的会是批评和指责，心情会好吗？往往也不能很好地解决问题。

换一种说法又会怎样？"公司是创造价值的平台，也是养家糊口的方式，最近我发现你的工作状态不太好，是不是遇到什么解决不了的事情？要不我们一起分析一下，看看原因是什么？"这样的说辞，相当于在帮助员工解决问题，相信对方也会给予正面回馈，沟通目的最终得以实现。

沟通的本质不是简单的听、说，而是通过双方的合作解决问题，始终牢记自身的沟通目的，同时以共赢为目标，为对方考虑，才能真正实现沟通。

请保持一点"不知道"的余地

无论男女老少，或贫穷，或富有，每个人都有虚荣心，这也是人的本性之一。这种心理表现在沟通上就是希望展现自己最好的一面，比如聪慧的、博学的、能干的，而不愿意显露自己笨拙的、无知的、无能的一面。

这种心理无可厚非，谁不希望呈现一个好印象，获得别人的称赞和敬佩呢？但是切忌在虚荣心的支配下不懂装懂。比如，一些人对别人的话题不了解，不擅长，或者和对方不在一个频道上，跟不上对方的节奏，却不肯承认，没话找话说，强行聊下去，结果说得越多，漏洞越多。

冯量是一家投资公司的业务顾问，他的一位老客户是个资深足球迷。世界杯期间，冯量认为这是一个增进感情，维护与客户长期关系的好机会，于是买了几瓶啤酒，带上下酒菜来到客户家里。比赛开始之前，客户与冯量聊起世界杯，表示自己是阿根廷的球迷，对于热门球队冯量还是听说过的，双方聊梅西聊得不亦乐乎。绝大多数时间是客户在说，冯量在附和，所以并不吃力。

聊了一会，客户问冯量支持哪支球队，冯量尴尬了。他其实一次世界杯都没有看过，对足球也知之甚少，但是他不想让客户觉得自己是"伪球迷"，于是绞尽脑汁想到上学时同学们聊过的足球话题，果断表示自己是西班牙队的粉丝，这届世界杯虽然西班牙队夺冠的可能性不大，但还是会支持他们。

"哦，是吗？"客户的表情有些惊诧。

"是的，西班牙和阿根廷都是足球强国，我期待这两支队伍一起进入决赛，到时咱俩更要好好切磋下。"冯量强调说，接着为了显示自己真的很懂足球，他开始对着大屏幕谈起球技知识，"这个球员刚刚用头将球飞射了出去，就像扔了一个帽子一样，这个'帽子戏法'多么精彩……"

客户的脸色变得有些难看，话语也变少。几分钟后客户告诉冯量，公司临时有事，自己需要加班，将冯量请了出去。

客户临时有事这种事很平常，当时冯量没觉得有什么问题，但是一连几天不论他如何联系，那位客户都没有任何回应。冯量冥思苦想也不知道为什么，后来从别人口中才得知，西班牙这次根本没有进世界杯，而且"帽子戏法"也并非那般解释，冯量的不懂装懂让自己丢失了一位老客户。

冯量之所以假装了解足球，明明是为了迎合客户，增进双方的关系，为什么却引来客户的反感呢？因为不懂装懂，本质上是一种欺骗别人感情的行为。有些人认为这是小题大做，明明只是顺着别人的话往下说，找让对方开心的话题，怎么就成了欺骗感情？接下来，我们就来分析一下.

当遇到与自己有着共同爱好的人时，相信我们每个人都会展现出格外的热情，甚至将对方视为知音。但当发现对方并不懂自己的爱好，只是装出懂的样子时，此时此刻的心情用"对牛弹琴"形容再合适不过。我们会觉得这样的人很虚伪，不诚实，而且接近自己的目的一定不单纯。

换位思考一下，你把一个人当成爱好相同的朋友，甚至知音，对方却只想着利用你达成自己的某种目的，你会是怎样的心情？愤怒，悲伤，沮丧……那么，在面对这个人时，别说深入交谈，恐怕一见到对方你的心情就会立马变差。

"如果我说不懂，会不会显得很白痴？"

"大家都懂了，只有我不懂，岂不是太没面子？"

"跟着他说就对了，这样他才喜欢我。"

……

无论是为了掩饰自己的无知，还是更好地迎合对方，说到底不懂装懂都是一种自欺欺人。因为只要你一开口，大家就已心知肚明。

古语曰："古人质实，不尚智巧，言论未详，事实先著。知之为知之，不知为不知。"与人沟通交流时，最重要的是态度诚恳，话语真实，知道就是知道，不知道就是不知道，让别人最大限度地了解自己，这种自我暴露更能显示出你的真诚，是赢得好感、拉近距离的有效方式。

孙先生是一位大学教授，只要是关于本学科的问题，他总能够侃侃而谈，讲得头头是道，但如果涉及其他学科问题，他最常给出的回答也是三个字——"不知道"。而且，在发表看法或见解之前，他总习惯加上一句"不知道我的理解对不对……"，发言结束之后，最后还要配上一句"如果我说的有不对的地方，还请大家多多指正"。

这种实事求是的坦诚姿态，比不懂装懂更受欢迎和尊重。

每个人的知识面都是有限的，谁都不可能无所不知、无所不晓。即使是再伟大的学者、再博学的专家，也有知识的盲区，也有不懂的问题。何况，知识是日新月异的，事物也是无限变化的，所以"不懂"是再正常不过的事情，没有什么难为情的。一个人只有承认自己的不足，才有可能有所进步。

与人沟通时，面对自己不熟悉的话题，或不了解、不确定的问题，不要着急，你可以把自己看成是一个刚入门的新手，把谈论话题变成学习话题。每个人都有好为人师的想法，当你向对方虚心请教时，虽然无法让对方立刻产生满意的共鸣，但他可以从谈话中获得倾诉的欲望，那么话题自然就会延续下去。

　　任何知识都是由"不知道"开始的，我们只有先承认自己"不知道"，才有机会弥补自身的不足。当你从"不知道"变成"知道"时，自然也就能轻松自如地侃侃而谈。

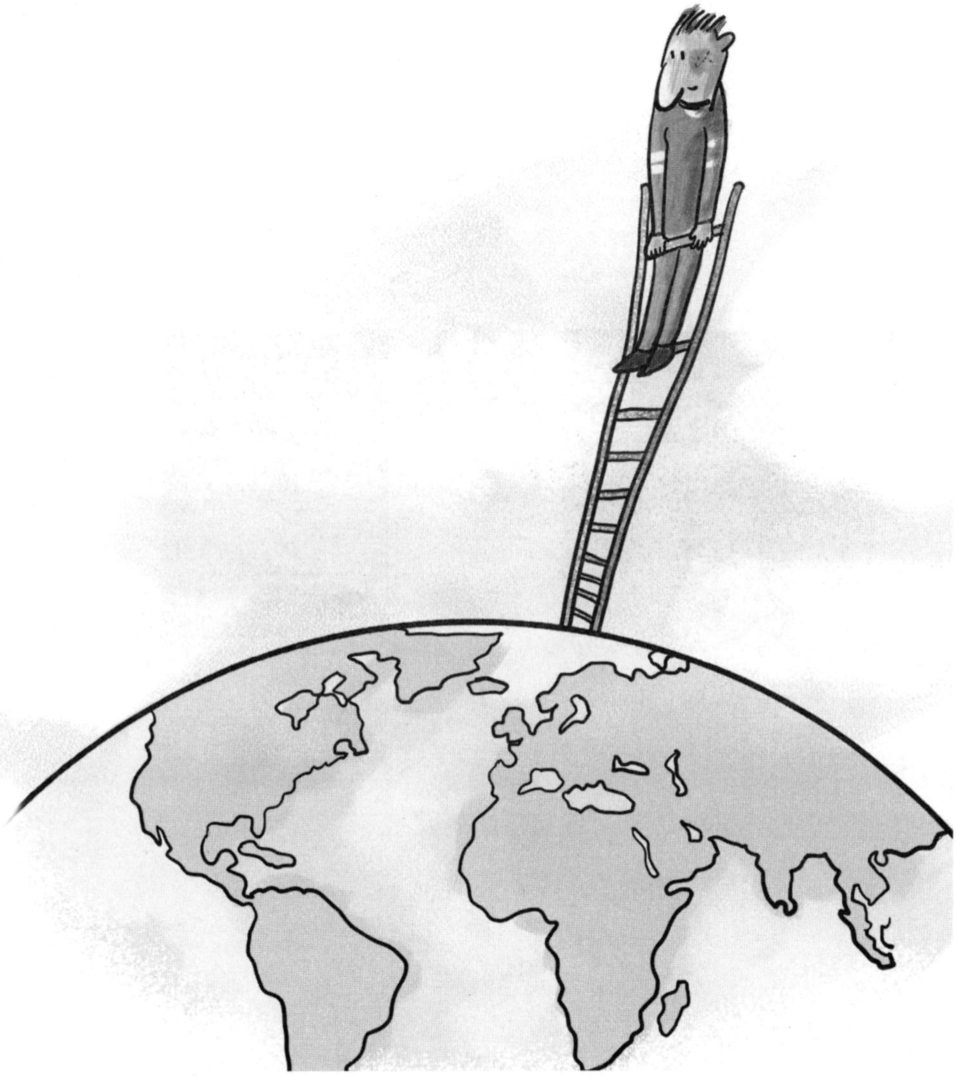

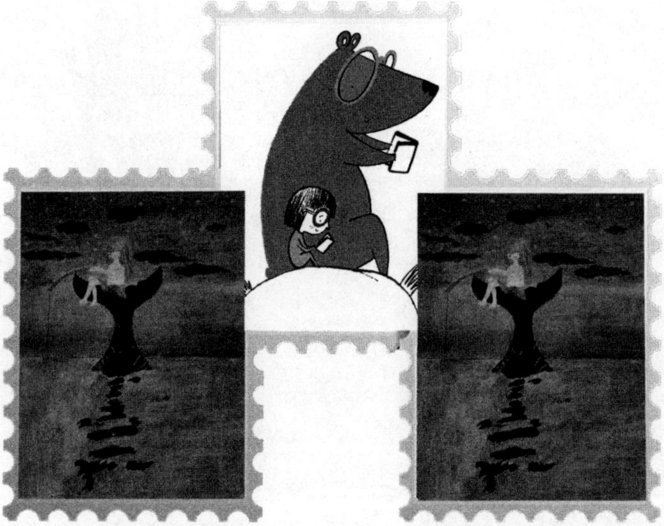

Part 9

共情是怎样培养出来的？

共情将"我"变成"你",甚至变成"我们",它可以使人与人之间建立起一种亲密的连接,使心与心之间实现有效沟通。在不少人眼里,这是一种高深莫测的艺术,一般人很难获得并驾驭。其实,共情是一种主观性的创造,是我们感受他人的心理世界,彼此交换了思维的结果。

克服自我中心的意识

每个人身体里都有一个"自我"——我们本能地以自身角度认识世界,以符合自身利益的方式分析和理解他人的言行。

这是沟通中的一大障碍,倘若我们任由这种自我思维运作,一味地强调自己的感受,总认为自己的思考是合理的,而不体谅别人说话时的心境,是无法做到换位思考的。

陈暮不仅家境优越,人长得也漂亮,却不怎么被人喜欢。为什么?就在于她总是过于自我。

一位同事因家中变故早早辍学,在外租房打工,陈暮却总是有意无意地在对方面前炫耀自己名牌大学毕业,每天住着高端小区,名牌衣服堆满衣柜,每天换不重样的首饰,结果惹得同事一见到她就躲着走。对此,陈暮的解释是:"我没有做什么,她这个人太玻璃心,而且嫉妒心强……"

有个男孩苦苦追求陈暮三年,陈暮从来没有明确拒绝过对方的追求,孤单的时候求聊天,难过的时候求安慰。深夜,陈暮为了吃到喜欢的夜宵,让男孩绕大半个城市去购买……还美其名曰："我认为，喜欢一个人，为对方做什么事都是值得的，而且感到心满意足，我是在帮他创造这种幸福感。"

后来，陈暮喜欢上一位"海归男"，居然对这个男孩说："如果你真的喜欢我，你就帮我追到他。"男孩当然不愿意把自己喜欢的人送到别的男孩身边，结果陈暮用她的一番"神逻辑"指责道："你对每个朋友都那么热心，可以对他们付出那么多，而且你又喜欢我，为什么不肯帮我追喜欢的人呢？你太让我失望了，你的爱自私自利，只为了自己而追我，都不考虑我的感受……"

到底是谁自私自利？陈暮一味地炫耀自己的家境，却不考虑同事此时此刻的境遇；她要求追求者无私地付出，却完全不在乎追求者的感受。她只是在自私地满足自己的欲望，却不尊重别人的权利和需要，很明显这就来自过度的自我主义。时间久了，势必容易招人厌烦。

以下这些做法均是过度"自我"的表现：

习惯以自己的标准去衡量事情；

喜欢把自己的意愿强加在别人身上；

处理事情时总是以自己的利益为标准；

遇到问题时，总认为责任不在自己，而在别人；

不接受任何批评，听不进去别人的意见和建议；

……

前面我们已经讲过，人际交往中讲究"互惠互利"原则，这个"利"不仅是指物质方面，还包括情感方面的接纳、尊重、理解等。人与人之间能够融洽相处，真正地实现有效沟通，很大一部分原因就在于彼此懂得为对方考虑，互相尊重和理解。正如罗素所说，"幸福的获得，在极大程度上，是因为消除了对自我的过分关注。"

那么，我们应该如何避免"自我"思维呢？

需要指明的是,"自我"思维并非完全的自私自利或者道德败坏,而是无法从宏观的、外在的、客观的视角审视自己。

明白了这一点,我们不妨从两个方面入手来绕开自我中心。

第一,公正地评价自己的观点。

在进行自我评价的时候,我们难免掺入个人感情成分,更愿意接受自己所认可的观点,而排斥和自己意见不同的观点。若想克服"自我中心"思维,就要以旁观者的角度观察自己的言行,客观而公正,既不否定自己的优势所在,也不讳言自己的缺陷之处,才能做出全面而准确的评价。

第二,要从不同的角度看问题。

对于自己的观点,我们不能总持一种绝对正确的态度,应该认识到自己的观点难免会有不足和错误之处。由于每个人各自的身份、地位、经历、思维等不同,得出的看法和结论自然有所不同。如果你能考虑和理解他人的观点,从不同角度看待问题,那么认知和见解必然会更加全面。

心理学上,有一个著名的实验:

一位心理学家用不同颜色的颜料涂抹一个圆球,一半染成红色,另一半则染成黄色,然后让两个实验对象分别从不同角度观察圆球,之后询问他们这个球是什么颜色。结果,一人坚持说球是红色的,另一人坚持说球是黄色的,他们都指责对方是"色盲",看错了球的颜色,甚至开始争执不休。

最后,心理学家让这两个实验对象分别站在对方的位置,重新又看了一次那个圆球,他们这才发现,原来心理学家在圆球上做了这么一个小小的"诡计"。

设想一下,假如那两位实验对象在探讨球体的颜色时,能够克服自我中心思维,认真倾听对方的意见,而不是一味坚持自己而否定对方,那么他们的交流显然不会以争执而告终。更重要的是,在通过充分的交流之后,他们很可能会成功"识破"实验的"诡计",更加接近小球颜色的"真相"。

自我审查，有意识地进行理性思考，会有效阻止自我中心的胡思乱想。哪怕只是无关紧要的一小步，也能让理性思维战胜自我中心倾向。

一个人要么被自我中心思维控制，要么被理性思维控制。愿我们都能走出狭隘的自我认知，可以在不委屈自己，不影响别人的前提下，好好谈谈心说说话。

多点商量，少点武断

与人沟通的过程中，一些人很容易将工作性质中、工作习惯中的命令语气带入进来。

"这件事，你必须听我的。"

"我要你现在立刻马上……"

"我已经决定了，没有商量的余地……"

……

注意，用命令的口吻对他人讲话，是语言暴力的表现之一。命令式的表达带有一定的攻击性质，很可能会激发对方的反抗心理，令对方下意识地进行自我防卫，最直接的就是拒绝与你沟通。毕竟，人人都渴望被尊重，没有人喜欢被强迫接受命令或遵照他人的命令行事。

试问，倘若你总是被人命令，你的内心会是什么感受？肯定不好受，即使表面不反对，内心也不服气。所以，发号施令般的沟通方式看起来高高在上，却是一种不尊重人的表现。从听到命令的那刻起，我们内心就充满了抵触和反感，有了这样的负面情绪，再谈什么都是枉然。

每个人都希望被尊重，被认可，喜欢用自己的观点去影响别人，这是人与生俱来的一种侵略性，也是任何人潜意识中都会有的渴望。你有这样的渴望，相应的别人同样也有，没有谁甘愿居于人下。所以，无论你的身份、角色、职位是什么，都不该用命令的语气，摆出一副颐指气使的样子。

橙子是一家传媒公司的前台，性格开朗，为人随和，入职三年，一直都跟同事们相处得很好，可最近她跟新上任的企划经理 Emily"杠上了"。

那天，一位重要的客户前来公司约谈合作的事情。橙子像平时一样，正准备去给客人沏咖啡，只是起身的动作慢了一些。这时 Emily 摆出一副教训人的姿态，冲着橙子说道："有点眼色，赶紧沏两杯咖啡，马上去做。"橙子心里生气，随口说道："我着急去洗手间，你先让别人去吧。"

周围的同事都看得出来，橙子并不是故意针对 Emily，她只是受不了 Emily 每次说话时的口气和态度，私底下也没少抱怨："就算她是经理，我是前台，那又如何？彼此之间就不该尊重了吗？就算她的提议是对的，那就不能换种语气说话吗？为什么非要弄得我像'仆人'，她像'主子'一样？"

其实不止橙子一个人抱怨，其他同事对 Emily 也心有不满。为了在下属面前树立自己的尊严和威望，Emily 总会刻意用一种命令的口吻："你们必须完成任务""我们的业绩有些下滑，你们必须有所改观"……久而久之，大家都不喜欢 Emily，不仅不愿听她说话，就连工作也不愿配合。

说到这里，有人可能会发出疑问，照这么说的话，即使是领导也不能指挥下属吗？如此领导还怎么做领导？其实，任何沟通都是双向的交流，包括情感、态度、思想和观念的交流。沟通只有以双方都能接受的方法，才能顺畅地进行下去。这不只是日常交流，在职场中也不例外。

指令还是需要下达的，只是需要稍微改变说话的语气和口吻，把"你必须……""你要……"改变为"我觉得你或许可以这样""我只是建议你"……两者的目的都一样,即想要对方听取你的建议,或是说服对方做某件事情。但由于说话的语气不同,产生的结果也大相径庭。前者生硬的命令式交流难免会让人心中产生抵触的情绪,即使这个人是你的下属;而后者的交流方式则让人感到舒服,对方更愿意听取你的建议。

谷芹是一名经理助理,她是这样描述她无比敬佩的上司的:"经理从来不会用命令的口气来指挥我做事情,每次他把自己的想法和意见说出来之后,都会非常诚恳地让我提意见,这让我觉得他非常尊重并且看重我。当我将起草的文件呈交上去,而他认为有需要改动的地方时,都会用一种商量的语气说'这里如果改成这种形式,是不是更好一些?''如果你再多些创意,效果应该会更棒'……通常情况下,他很少干涉我的做事方法,只在有需要时才会伸出援手……"

从谷芹的这段描述中我们不难想象,这位领导者是个非常懂得尊重人的成熟领袖,在平时的交流中会把命令的语气改成建议的口吻,在下属面前讲究以德服人,而不是权势压人。在这样一位领导身边工作,确实是一件轻松愉快的事情,也难怪这位领导能够得到谷芹发自内心的赞誉。

任何时候,建议都比命令更讨人欢心。

闫洁是一家幼儿园的老师,幼儿园的孩子正是活泼好动的年龄,想让他们乖乖听话就更加不容易了。你让他们好好坐着,他们偏要动来动去;你让他们安静吃饭,他们偏要打打闹闹……其他老师经常累得筋疲力尽,可闫洁却没有这样的烦恼,因为只要她一开口,孩子们就乖乖地听话了。

其实,闫洁并没有什么神奇的魔力,只不过她说话时喜欢用建议的口吻。小朋友调皮捣蛋的时候,其他老师也会耐心地劝哄,可说话时多少带着命令,"不许乱跑,坐好的小朋友会有小红花奖励。""不要说话了,要赶紧睡觉。"……闫洁是怎么说的?"在我讲这个故事之前,我希望你们能够坐好,好不好?""我们是不是该睡觉了，这样下午才有精神，对不对？"……

连续三年，闫洁被所在幼儿园评选为"优秀教师"，她由衷地感叹道："命令只会激化逆反心理，你越命令，孩子越不听。即使孩子乖乖听话，也只是出于对我们的害怕，并不是真的心悦诚服。我只是多了一些商量和建议，孩子们就很愿意听我的话，这种沟通真的很重要。"

人与人之间都是平等的，地位有高低之分，财富有多少之别，但人格与人性上，彼此是平等的。试着把自己放在一个与别人平等的台阶上，**把命令变成建议，用商量的语气与人交流，不仅能展现自己的素养，也可以给对方一种受尊重感**，进而促使对方愿意和我们交流，乐于与我们合作。

这正如一个名人所说："用建议来替代指使，可以令人信服；用请求替代指使，可以令人高兴地执行；用商量替代指使，会有人主动请缨；用提议替代指使，对方会用行动证明你是对的。"沟通说白了也是一种为人处世的能力，当你懂得尊重别人，你敬人一尺，别人自会敬你一丈。

做一个敏锐的观察者

在人际沟通中,能否洞悉他人的想法,抓住对方的心理,直接决定沟通效果。

如何做到?大部分人第一时间想到的是语言。确实,语言是沟通最基本也最常用的"工具",但很多时候语言又是最不可靠的因素,因为在某些时刻,语言并不能完全表达出我们内心的思想,如果当事人再有意加以伪装的话,在交流中就容易出现曲解人意的现象,甚至被对方有意误导。

在我们周围,不乏一些表里不一并且擅长伪装的人,他们或许是出于对外界的提防,或许是出于礼貌的应付,往往习惯戴着"面具"掩饰内心真实的想法。

比如,当一个人对你说"久仰久仰"时,他或许根本不认识你是谁,只是一句客套的寒暄而已;当一个人对你说"你的想法很好"时,他内心可能已经在疯狂吐槽,只是碍于情面不好直言;当一个人对你说"没关系"时,他可能早就在心里把你骂透了,只是不想让人觉得自己小心眼……

这时候,我们在沟通中不能只听表面,对方说什么就信什么,而要透过种种表象摸清对方的所思所想,这就需要参考非语言信号。所谓非语言交流,指的是人与人之间通过非语言行为或身体语言进行交流的一种方式,它与语言信息一样,也是一种信息传递方式,不同的是它的传播途径是通过面部表情、手势、身体移动、姿势,甚至语调、音色及个人声音的音量等。

语言学家研究表明,沟通中的语言交流只占到35%,而剩下的65%都是肢体语言和语音、语调等交流信号。有些情况下,非语言行为甚至达到100%。语言信号是明显的,清晰可见的,这种信息我们一般都能察觉;而非语言信号则是隐藏起来的,是不容易被我们发现的交流信息。

这听上去有些令人无从下手,然而不要忘记,人的动作与表情是一种本能,即使我们特意想要"表演",在说话的过程中也总会下意识地泄露内心的真实想法,这是人的天性,除非经过专业而严苛的训练,否则都是无法掩饰的,也就是说——非语言信号要比语言信号诚实得多。

换言之,在沟通中我们只要敏锐地加以观察,捕捉并识别对方的表情动作等,就能让对方在沟通中"实话实说"。

几年前有一部非常有名的美剧《别对我撒谎》,剧中的男主角卡尔·莱特曼是个非语言行为识别专家,他可以通过短短几分钟的谈话就了解一个陌生人,几句话就能找到对方感兴趣的话题,对方脸上一个一闪而逝的表情,卡尔瞬间就能知道对方的话是否属实,没人能在他面前撒谎。

当然,电视剧肯定是经过一些艺术加工和夸张处理的,但在现实生活中非语言信号的应用非常广泛,而且每个人的非语言行为都是大同小异的。

比如,人在愤怒的时候,眉毛会明显下垂,嗤鼻,眉头紧皱,脸上的肌肉都呈现出紧张状态;人要是高兴,脸部肌肉会很放松,除了嘴角上扬之外,面颊也会红润,神采飞扬;人如果陷入悲伤情绪,上层眼皮会有些下垂,眉毛会收紧,嘴角下拉,眼神暗淡无光。

比如,在交谈时,对方紧握双手是一种内心拘谨、情绪焦虑的表现;摊开双手表示坦率和诚实；手心向上表示妥协和服从；手心向下时表示权威和自信。当然，如果对方一直在做些毫无意义的小动作，不停变换手的放姿，或者把玩一些小物件，那则表示不耐烦，对你的话题不感兴趣。

再比如，无论站立还是坐下，双臂交叉环抱在胸前，那么这是一种拒绝性的手臂姿势，表明对方此刻拒绝沟通，你要识趣地不打扰，或者尽早结束话题；在人的下意识动作中，双腿并拢是一种自我防卫的动作，这个歌惯性动作说明这个人性格比较内向，不容易敞开心扉，沟通时不要操之过急。

……

心理学开山鼻祖弗洛伊德曾说："任何人都无法保守他内心的秘密，即使他的嘴巴保持沉默，但他的指尖却喋喋不休，甚至他的每一个毛孔都会背叛他。"

沟通不是一件想说就说的简单事情，而是一门需要观察人心的学问。在沟通过程中，透过现象看本质，根据对方随时改变的表情、变化的五官、手势肢体等动作方式，掌握对方内心的性格、情绪及想法，再根据这些信息选择适合的沟通内容及方式，这样沟通才有的放矢，有针对性，有实效。

比如，销售人员和客户，一个是收钱的卖方，一个是交钱的买方。在交流的过程中，客户会故意隐瞒自己的心理活动，不肯透露自己的所思所想。这时销售人员就要练就察言观色的本事，善于从客户的言谈举止等细节慢慢揣测其真实心理，准确地了解对方的意愿，对症下药尽快达成交易。

一场高品质的沟通，必然是从精确的观察开始的。但是不要明目张胆地去做这些事情，也不要目不转睛地盯着别人看，这样容易引起对方的反感，你要尽量做到不引人注意。只要平时多加练习，多留心总结，你的观察技能一定可以日益精湛。

这就像学习驾驶一样，越关注驾驶技术本身，汽车越不听你的使唤，你也分不出精力关注车外的情况。只有当你先提高自身技术，感到安全舒适的时候，你才能开始注意整个驾驶环境。一旦练就出察言观色的本领，它就会成为你的一种本能，引导你敏锐地对他人的一言一行作出准确的判断。

真正搞懂对方在说什么

成年人之间的沟通,往往不只是语言的艺术,更是一种关系的艺术。为了既定的沟通目的,为了保持自身良好的风度,不少人总是以不轻易暴露底牌为宜,能明着说的话都要去拐弯抹角,不能明着说的话更是"山路十八弯"的绕圈。那些看似平静的言辞之中,往往也隐藏着"刺儿"。

这时候,如果我们只顾回应表面的内容信息,却意识不到语言背后隐藏的真正信息,就会引发彼此之间的误解和矛盾。

街头,一对年轻夫妇因为孩子是否报奥数班吵得不可开交。

妻子提议:"别的孩子都在报奥数班,我想给儿子也报上!"

丈夫质疑:"让他这么累干嘛?"

妻子坚持:"我是考虑到孩子的自身条件才做的决定,他从小就聪明,而且现在学校课程不紧,报上没有什么坏处。"

丈夫反对:"不要给孩子太大的学习压力,也不要只盯着学习成绩不放。让孩子参加一些像打球、跑步之类的活动,心情更好,学习效率更高。"

最后，夫妻两人终于达成了一种共识——"我们的教育理念有分歧。"

从内容上来看，这对夫妇是在讨论孩子要不要报奥数班。可根据这些内容从关系上来分析不难发现，他们其实都在暗示对方"我比你更懂孩子，在孩子的教育问题上，我比你更有发言权。"这就是隐藏的语言。如果意识不到这点，他们对于孩子的其他问题都会有类似的争论。

沟通过程中的关键是，你知道对方在想些什么吗？你能明白对方说这句话的真实意思吗？别人说的话就是字面上的意思吗？是否隐藏着更想表达的意思？

只有掌握这些"内情"，你才能在沟通中占据主动。有人可能不理解，怎么感觉像是侦探在破案，还要掌握"内情"？其实，**你和他人沟通的过程，就是对对方内心的"侦破"过程。**

在沟通过程中，你是否遭遇过这样尴尬的场面？——对方刚才明明和颜悦色，可一转眼就变成了黑脸，对你爱理不理。究其缘由，就在于我们没能适时听出对方所省略的和没有表达出来的内容或隐含的意思。不清楚对方真正的所思所想，没有给出及时准确的回应，这就导致了沟通的失败。

有句老话叫"听话听音，锣鼓听声。"意思就是说一句话的含义能分辨出很多种，听别人说的话要注意话的含义，仔细分辨说话人的目的、动机。

那么如何掌握语言的"内情"呢？这不仅需要我们耐心地、细心地倾听对方讲话，还要提高自身的判断力和理解力，站在对方的角度思考问题。

朱平和卓越是发小，关系一直不错。朱平眼光敏锐，善于投资，这几年在股市上挣了不少钱。卓越安心做生意，虽然生意不大，也步入稳定期。

最近卓越经过一番深思熟虑，准备再开一家新店。可是巧妇难为无米之炊，他的手上没有充裕的资金，于是他想到了朱平，便登门拜访，寒暄几句后便说出借钱的意图。

朱平听后面露难色，低着头搓了搓手，语气为难地说："凭咱俩的关系，别说十万，就是二十万我也愿意借给你。可是你知道的，我的钱大部分都在股市。还别说，从来没有亏过，你看这怎么办呢？"

卓越敏锐地察觉到，朱平不是不想借，而是想要图点什么。他笑着说："钱就是用来生钱的，我理解你。我来之前已经想好了，借款按照银行最高利息结算，你看怎么样？虽然这可能比投到股市赚得少，但是稳赚不赔，没有风险。"

"这可不好。"朱平脸上的表情有些为难，"咱俩可是从小长大的兄弟，我怎么能赚你的利息，这显得我太功利了！"

卓越看得出来，朱平不希望因为利息而让两人生分，于是非常诚恳地说道："你可别这么说！亲兄弟明算账。你能借我，我就感激不尽了。"

朱平听完脸上为难之色仍未消除："你嫂子这人疑心病很重，她怕我自己拿钱出去吃喝玩乐，我还不知道怎么向她证明。"

"这个简单，我可以给你写一张欠条，这样你就能和嫂子交代了。"卓越提议。

朱平笑着说道："我犟不过你，一会儿我就到银行去取钱。"

看出来了吗？在这个事例中，朱平和卓越都是非常聪明的人，一个说话时话中有话，一个能准确地听出对方的意思。而卓越最终能顺利借到钱，就是因为他听出了朱平的言外之意，然后对症下药，借款按照银行最高利息结算，白纸黑字写下一张欠条，顺了朱平的心，钱自然就到位了。

想要办成事情，必须语言开路，而想让语言成为好的开路"先锋"，当别人说出"一"，你要听出后面的"二"，然后通过"二"想到"三"，再仔细分析"四"。如此一来，还愁不明白对方的意图吗？说到底，沟通是一场脑与脑的对决，知己知彼，方能百战不殆。

比如，当你向顾客推销产品时，不少顾客会说"我再考虑考虑。"这句话的背后可能隐藏着客户的多种心理："价格超出了我的预算""我还想看看其他产品""你的介绍不够吸引我"……你只有了解客户的真实想法，针对性地解除对方的顾虑，给客户进行强化销售，才能提高成功率。

有时候，一些领导也不喜欢把所有的事情都说透说破，而是会选择试探性地询问，有时候也可能会巧妙地暗示。这时，如果下属能准确地、及时地领悟领导话语中暗含的信息，并能快速做出相应对策，说出对方爱听的话语，做出对方希望做的事情，必然能增加彼此的默契度，更好地开展工作。

多说"我们"少说"我"

与人沟通时，你习惯说"我"吗？

"我觉得，这件事情应该这样处理。"

"我认为，这个问题……"

"我建议，今天下午……"

……

可以很肯定地说，有这种沟通习惯的人，人际关系通常不会太理想。当你把"你"和"我"的界限划分得十分明确时，就已经清楚地向对方透露出一个信息：我是我，你是你。既然双方列属于不同的阵营，正常人自然会产生一种防御和抵触心理，接下来的沟通将会变得异常艰难。

我们之所以强调共情，就是为了与人交好。这里有一个重要前提，即让对方感觉到我们与他是同一阵营的，因此话语里要尽量多说"我们"少说"我"。

"我们"和"我"，虽然仅一字之差，但仔细想想，"我"表明说话者关注的是自身，是站在自身立场看待问题的。而"我们"表明说话者关注双方，是站在双方共有的立场看待问题的。很显然，后者会让对方产生一种认同感和亲切感，感受到彼此是"共同体"。

一对恋人步入婚姻殿堂，新婚当天，新娘对新郎说："从今天开始，不能说'你的''我的'，要说'我们的'。"新郎点头称是。一会儿，新郎去洗澡，很久了还迟迟不出来。新娘有些担心，追问："亲爱的，在里面干什么呢？"新郎回答道："亲爱的，我在刮我们的胡子。"

这虽然只是一则幽默段子，却清楚地说明了一个问题，即"我们"这个词可以拉近彼此之间的距离，有助于共同体意识的形成。

人与人之间的距离，说到底是心与心之间的距离。当利用"我们"，让对方不自觉地产生一种"你是自己人"的心理。心与心的距离近了，即使对方不会绝对信任你，也会情不自禁地愿意亲近你和认可你。

在听演说家演讲时，绝大多数人都会情不自禁地接受对方，被对方的激情所感染，最终被说服。为什么？很大一部分原因就在于，演说家们很少说"我"，而是常用"我们"这个词语。那些社交经验丰富的人士，一般也很少直接说"我如何如何"，而是说"我们如何如何。"

鲁西是一家家具店的老板，他的家具质量、款式等并不是最好的，却最受顾客欢迎，令其他家具店望尘莫及。鲁西有什么经营秘诀？

这天一位顾客前来光顾，说想买一种自由折叠，高度自动调节的桌子。鲁西立即搬来了一张桌子，热情地介绍起桌子的功能。

顾客看了看，不满地说："我觉得这张桌子款式有些老旧。"

鲁西微笑着说："的确，我们年轻人都追求时尚。我们现在已经不仅把桌子当物品使用了，还希望它美观大方就像装饰品一样，这张桌子结构有些简单了。"

顾客点点头，鲁西继续说道："不过我们年轻人工作繁忙，平时没有时间打扫卫生。这款桌子虽然结构简单，但是颜色耐脏，打扫也很方便，会让我们更省时省心。"

顾客表示再转转，鲁西轻松地耸耸肩："对，买东西要精挑细选，否则我们会吃亏。"

顾客笑了起来，脸上露出喜悦的神色，当即表示要买下这张桌子。

事例中，店主鲁西和顾客本是利益矛盾的两个人，但鲁西说了很多温暖人心的"我们"的话——"我们年轻人都追求时尚""我们年轻人工作繁忙"……使顾客感觉两人处于相同的立场上，是可以信赖的朋友，从而达成生意。

试想，鲁西如果一味地向顾客吹嘘"我"的桌子有多好多好，即使他所说的句句在理，由于彼此站在不同的立场，依然很难感染顾客，甚至还会让顾客产生误解，认定他只是为了卖桌子而已，根本没有考虑自己的需求，进而产生不信任感。一旦对方不信任，你说得再天花乱坠也是惘然。

"关于这件事情，我们是不是应该这样处理？"

"今天下午，我们……好吗？"

……

适当地改变你的话术，将那些"我"变成"我们"，你将具备超强的吸引力和凝聚力，所有人都会不知不觉地倾向于你这边。当然，不可避免讲到"我"时，不要把"我"读成重音，也不要把语音拖长，神态更不要得意扬扬，努力做到语气自然平淡，把重点放在客观叙述上即可。

沟通时多采用开放式问题

在沟通过程中,共情的重点是了解你的沟通对象,然而认识和了解一个人是比较漫长的过程,需要花心思花时间去细细研究。但是,有些场合是无法做长时间的了解研究,有没有有效的捷径可以帮助我们了解对方呢?当然有。我们可以通过开放式的提问,在短时间内掌握自己想要的内容。

比如常见的面试环节,在没有深入了解求职者的情况下,面试官仅仅通过几十分钟,甚至几分钟,是如何判断一个人的工作能力、性格特点和生活态度等,并做出专业的评价?主要就是通过提问。虽然每家公司面试的问题不太一样,但提问都不是随意的,而是经过一番精心选择和设计。

问什么的问题,取决于你想从对方身上获得什么信息。

这里有一个前提,提问时不能带有很强的个人倾向,比如"你怎么会有这样的想法?""你是否考虑过去找对方谈谈?"这样的提问本身依旧是以自我为中心,是把自己的观点强加给对方,对方要么不想回答,要么回答的不是真实的答案,这就违背了我们想了解别人的初心。

只有当我们保持平等中立的态度，放下自己先入为主的个人想法，所提出的问题不带有倾向性时，对方才觉得有安全感、被尊重、不被限制，也才会把自己的真实想法吐露出来。

这些年你接受过哪些教育经历？

你对婚姻有着怎样的看法？

怎样提高对自己情绪的控制力？

友谊对于你来说意味着什么？

怎么评价你跟领导之间的关系？

因为什么原因你觉得非常苦恼？

你对近一段工作有哪些看法？

……

以上问题都是一种开放式提问，所谓开放式提问是指提出比较概括、广泛、范围较大的问题，不提供具体答案，不规定回答范围。

我们每个人都有强烈的倾诉欲望，开放式的问题不能仅仅以"是"或"不是"等几个简单的词作答，可以给对方以自由发挥的余地，在回答时他势必会更多地讲出有关情况、想法、情绪等，如此就可以制造出良好的谈话氛围，使对方在聊天中能畅所欲言，进而有助于建立深度关系。

导致话题终结的错误沟通模式，往往就因为有人总是提问"封闭式问题"，和"开放式问题"相反，封闭式问题让对方的回答只能二选一，是或者否，然后进入无聊的死循环。

小肖是某商贸公司的业务员，他在汇报工作或向主管请教时，总喜欢问"您觉得这个方案合理吗？""这个月12号结算怎么样？""客户是交现金还是刷卡？"……结果主管总是三言两语就将他"打发"走。小肖只能自己摸索，但他没经验，没人脉，致使业务发展不顺，屡次被主管批评。

小肖认为主管故意和自己过不去，他曾动过离职的念头，但又舍不得放弃这份工作。思索再三，再和主管沟通时，小肖开始利用沟通技巧中的"开放式问题"："您说的……是什么意思？""您觉得应该要怎么做？""为什么您说……"……结果，原本习惯用简短话语表达的主管，像打开话匣子一般。

这使得小肖一步步理清行动步骤，工作上的表现越来越好。

如何提出开放式问题呢？最常用的模式是——5W1H。

5W1H 即 what（什么）、when（什么时候）、where（什么地方）、who（谁）、why（为什么）以及 how（如何）。其中，5W1H 可以鼓励讲话的一方，把简短抽象的意思，用具体的方式表达出来。其中，带"什么"的提问往往能获得更多事实和资料；带"为什么"的提问则可引出一些对原因的探讨；带"如何"的提问往往涉及某一件事的过程和次序。

好好想想你希望了解对方哪方面的信息，然后事先设计几个开放性的问题。

以下几个常见问题，可供大家参考。

1. 你是一个什么样的人？

没有谁能比自己更了解自己是一个怎样的人，通过一个人对自己想法、信念、目标、爱好等的描述，我们就可以分辨这个人怎么样，以及如何行事等。即使对方有所隐瞒或美化也没关系，自我描述通常是个人理想化的意象，代表着渴望被别人关注和认可的一面，也是他心理活动的体现。

2. 你生命中最好或最糟的经历是什么？

人与人之间的差异，主要是后天形成的。问及一个人最好或最糟的经历，实际上是对个人的关键经历进行"抽样调查"，看看到底是什么样的经历塑造了现在的这个人，同时也可以推测出这个人的心理素质。最好的阶段决定了其心理品质的上限，而最糟糕的情况可能是其心理品质的下限。

3.独自一人的时候你喜欢干什么？

在没有别人在场和监督的时候，最能看出一个人的本性如何。一个人时心里若是充满快乐，那么这个人通常性格内敛，不爱在人前展示自己；一个人时坐立不安，那么这个人平时更喜欢热闹，心理素质相对较差；一个人时很自律，说明这个人时刻不忘约束自己，做到表里如一，人前人后一样，这样的人通常坚忍顽强。

4.什么事情会让你有成就感？

这个问题可以判断对方内心深处的价值取向，了解对方追寻的目标是什么？

……

在沟通过程中，以上这些问题几乎可以问及所有沟通对象，以便快速获得自己想要的信息。需要注意的是，提问时语气不要太过生硬，要缓慢而自然，让对方放松且舒服。同时，体现出你对对方答案的好奇和重视，找到一个有趣的切口，把话题深入聊下去，整个沟通便能顺利而有效。

学习创建共赢思维

《孟子·离娄上》有曰:"得其民有道,得其心,斯得民矣。"人心如何获得?在沟通中就是一个"利"字。在这里,"利"强调的是从沟通对象的角度出发,想法满足对方的利益需求。

为了让大家更清楚地理解,我们不妨重回沟通的原点。我们为什么需要互相沟通?多数情况下,是因为当事人之间存在利益上的冲突与纠葛。沟通的目的又是什么?是为了协调和解决冲突,让当事人都能获得最大化的利益。

你输我赢和我赢你输,这都不是理想的沟通模式,因为如果只是一方赢了,另外一方的情感必然受到伤害,进而影响双方之间的关系,导致沟通不畅。举例来说,我是厂家负责人,你是公司经销商,虽然在某次谈判中我处处占上风,将代理费价格压到最低,但是此后你还愿意继续做我的代理吗?

在著作《走向共识》中,哈佛法学院教授罗杰·费舍和威廉·尤利曾建议我们,在谈判中应该坚持"原则"而不是"立场"。在他认为,原则性谈判的关键是要将人和问题区分开来,要注重利益,而不是立场,要找出能够让双方都从中获利的方法，而不是违背双方认同的原则或标准。

其实，这正是人际交往的基本动机——互惠互利，互惠互利听上去有些功利，受传统观念的影响，我们在交往中更愿意谈及感情，而忌讳功利。然而，任何沟通都是为了满足双方各自的需求，而人际交往的延续或不断加深的必要条件就是：双方的利益需求都能得到满足，并且在付出与回馈中循环。

利益交换的基础就是共情，在沟通的过程中尝试理解对方关切的内容，无论对方的说法多么荒谬，尝试站在对方的角度考虑问题，将关注的焦点从"为什么"转移到"怎么办"，将重心从单纯的情绪发泄转移到积极的解决问题上面，如此才能让接下来的沟通更具建设性，也更富成效。

刘宇将一名客户委托给下属，让下属与客户沟通推广方案的事情。期间，客户不时地提出新想法，下属无奈地表态："您毕竟是外行，您的指导容易导致工作延时。"

客户的脸色变得很不好："我自己的方案自己不能改？"

"我们很专业，经验丰富，请您放心。"

"我是甲方，是出钱的，肯定得我做主。"

……

结果双方陷入拉锯战，所谓的"沟通"变成双方谈判能力的角逐大战。

问题出在哪里呢？客户太苛刻？下属太无理？关键在于沟通双方没有考虑对方的立场，没有站在一起共同解决问题。刘宇下属尝试解决的问题是"如何说服客户同意放权。"客户尝试解决的问题是"如何说服你们同意我德修改。"双方站在对立面，解决的问题不一样，自然无法达成共识。

当下属和客户陷入拉锯战，甚至可能终结这次合作时，刘宇及时介入，并诚恳地和客户说道："既然您选择了我们，一定是认可我们的专业。合作从来是一种共赢，您的目标是以最好的形式推广品牌，我们也是希望如此。"

"对啊，我提意见也是为了做好方案。"客户怒气未消地回答。

"请您理解。"刘宇接着解释道，"意见肯定要提的，但建议您可以将这些想法理清，统一汇总给我们，如果您想起什么意见就提，不仅容易混淆对方思路，也会导致方案的不完美，这也不是您想看到吧？"

客户的态度缓和下来，刘宇接着说道："所以，请您相信我们，当然我事先会多多咨询您这边的建议，也希望您能够积极配合。"

"好啊，这样解决就好多了。"客户满意了，合作工作顺利展开。

在这里，刘宇没有一味地对客户强调"我是对的"，而是站在客户的角度思考，原本双方出现的对立关系变成了"共同解决问题"的关系。通过这样的沟通，即使双方有分歧，也会本着共赢的目的，共同想办法解决一个问题——如何有效地降低合作风险，如此，客户自然愿意配合，工作效率也提高了。

获得利益是解决问题的有效途径，因此，在沟通过程中我们既不能只顾自身的立场和利益，也不能一味地向对方妥协，而要寻求一个让双方都能获益的解决方案。

既然共情是以共赢为基础的，只要不涉及原则性的问题，不妨主动做出妥协或牺牲。在一段长期稳定的关系中，不管妥协还是牺牲都是必然的。因为当两个人的距离足够接近时，难免出现各种分歧和利益不协调，通过一方对另一方适当让步，调整彼此之间的需求，才有利于关系的维持。

比如，要想维护好一段的婚姻，夫妻两人需要多站在对方的立场，相互理解和宽容，丈夫体谅妻子照顾孩子的不易，在空闲时间多做家务和陪伴孩子。妻子体谅丈夫工作上的压力，做丈夫最温柔的后盾，双方加强沟通，毫不吝惜地肯定对方的贡献，并及时给予赞美和表扬，这样的婚姻才会美满幸福。

需要特别强调的是，任何两个不同的阵营，在某些共同利益的驱使下都有可能达成一定程度上的合作。在沟通中，如果你能够站在对方的角度考虑利害得失，使对方认为你是为他着想，而且这些想法能够给他带来诸多利益，此时对方自然就会听从你的建议和意见。

高森经营着一家培训机构，他每个季度有将近一个月的晚上都会租一家五星级酒店的大礼堂，在那里口授社交训练课程。有一个季度，高森照常到达礼堂进行准备工作，却接到酒店的通知，礼堂的租金比原来多出整整三倍，如果他不付足够的租金，那么酒店将取消他的预定。高森感到非常气愤，因为当时课程的入场券已经印好，课程也已经准备就绪，想要更改也来不及。

怎么办？高森直接找到酒店经理，他原本可以对经理进行指责，因为突然加价显然是一种不讲信用的表现。但是他没有，而是用平静的语气对这位经理说："刚接到你们的通知时，我有点震惊。不过这事并不怪你，假如我处于你现在的位置，或许我也会做出和你一样的决定。你是这家酒店的经理，为酒店盈利是你的责任。不这样做，那么恐怕你经理的位子也保不住了。不过，如果你执意要增加租金的话，那么我就暂且以一个朋友的身份，和你来谈一谈这样做的利弊吧。"

"先说增长租金的好处。"高森耐心地说道，"酒店的大礼堂不租给我讲课用的话，就可以租给其他人举办舞会或晚会，这些活动的时间通常都比较短，他们能够一次性支付高额的租金，这样你们就能获得更高的利润，显然比租给我要合算的多。"

"但是。"高森话锋一转，接着分析起了现状，"你增加了我的租金，事实上是降低了你的收入，因为这样高的租金并不是我能承担的。为了能够继续办培训班，我必然要去别的地方办班，你就失去了一个非常稳定的客户。

此外，还有一件事不知道你是否注意到了，我这个培训班的学员都是受过良好教育的中上层管理人员，而成百上千的学员来到你的酒店无疑会提升酒店的知名度！你认为你损失的那点租金，不值这样的宣传效果吗？请你仔细考虑下，再答复我吧。"

说完这些话，高森站起身离开了经理办公室。很快，经理做出让步，他们只收取原先约定的租金，让高森继续在这里开班授课。

高森的这番分析之所以能够取得成功，正是因为他自始至终都是站在酒店经理的角度来看待和思考问题的。他其实什么也没有做，只是告诉对方：继续我们原来的合作关系，你将赚得更多。在无形之中，他将对方变成自己的利益共同体。很显然，最后他们达成了合作，高森达到了目的。

在任何的沟通过程中，一定存在某种互利共赢的可能。因为所有事物都具备两面性，甚至多面性，彼此互相影响。这既增加了问题的复杂性，也提供了解决问题的多种可能性。只要拥有足够的耐心，并且认真思考，就一定能够理清头绪，越过种种问题的"并集"，找到它们之间的最佳"交集"。

当然，有些人可能会将你的这种善意视为软弱，"蹬鼻子上脸"得寸进尺，这种行为令人心寒。不过，即使是面对这种人共情也是必要的。道理十分简单，这种人的目的无非是为了激怒你，让你在暴怒中失去分寸，他们好乘势占便宜。此时，如果你能够沉下心来，站在对方的立场和角度，顺着对方的逻辑去寻找软肋和破绽，那么就能在博弈中取胜，结束这场"消耗战"。